A Study on Foreigners' Acquisition of Chinese Characters

外国人汉字习得研究

王 骏——著

北京大学出版社
PEKING UNIVERSITY PRESS

图书在版编目 (CIP) 数据

外国人汉字习得研究 / 王骏著 . — 北京 : 北京大学出版社 , 2020.9

ISBN 978-7-301-31589-7

Ⅰ . ①外… Ⅱ . ①王… Ⅲ . ①汉语 – 对外汉语教学 – 教学研究 Ⅳ . ① H195.3

中国版本图书馆 CIP 数据核字 (2020) 第 166409 号

书　　名	外国人汉字习得研究 WAIGUOREN HANZI XIDE YANJIU
著作责任者	王　骏　著
责任编辑	邓晓霞
标准书号	ISBN 978-7-301-31589-7
出版发行	北京大学出版社
地　　址	北京市海淀区成府路 205 号　100871
网　　址	http://www. pup. cn　　新浪微博 : @ 北京大学出版社
电子信箱	zpup@pup. cn
电　　话	邮购部 010–62752015　发行部 010–62750672　编辑部 010–62753334
印 刷 者	北京虎彩文化传播有限公司
经 销 者	新华书店
	650 毫米 ×980 毫米　16 开本　12 印张　177 千字 2020 年 9 月第 1 版　2020 年 9 月第 1 次印刷
定　　价	48.00 元

前 言

汉语国际教育是中国文化走向世界的一个重要组成部分。然而一直以来,汉字的掌握是外国人(尤指欧洲、美洲、非洲等非汉字文化圈的学习者)学习汉语的主要难点之一(甚至可以说是最大难点)。汉字的难认、难写直接影响着学习者对汉语学习的整体认识,可以说是造成“汉语艰深”这一有失偏颇却广为接受的印象的根源。以往无论是从教学法角度入手的学术研究,还是反映具体教学情况的教材、教学设计等,都未出现有说服力的、可以复现的成功的汉字教学体系。要从根本上解决对外汉字教学这个难题,就必须顺应第二语言教学研究的潮流,首先从习得研究入手。只有站在学习者的角度,全面掌握非汉字文化圈学生学习汉字的情况,教学法的构建才能有的放矢,“汉字难学”的问题才有可能真正得到缓解。

本书利用国内外学界在汉字本体研究、认知心理学研究领域扎实的理论储备,以在实际教学过程中收集建立的、支持分类检索的外国人汉字习得数据库为基础,运用定量、实证研究的手段,全面系统地考察学生(非汉字文化圈)汉字习得的情况,获得了纵向、连续的习得数据。同时,结合小规模定量研究、问卷调查、质性研究(个案研究和深度访谈)等辅助性研究手段,获得了外国人汉字习得的“全景图”。本书在方法上遵循理论梳理和实证研究相结合、定量和定性手段相结合、大规模数据和小规模数据相结合、基础分析和应用分析相结合的原则,力求结论的客观性和全面性。

全书内容如下:

第一章为绪论部分,介绍研究的目的与意义、界定研究的对象并说明研究使用的方法论。

第二章探讨汉字的性质、特点及构成学习难点的因素。该章从外国人习得汉字的角度分析现代汉字学的研究成果,并将其作为习得研究的本体准备。

第三章的内容为现有的外国人汉字习得研究的综述,把该类研究分为单纯的汉字偏误分析、汉字习得的影响因素研究、汉字习得的发展过程研究、学习者学习策略研究等几个次领域逐一介绍。

第四章采用小规模定量研究的方法，把汉字习得放在一个整体环境中观察，调查这个过程受到哪些相关因素的影响。

第五章是本书的核心内容，介绍“外国人汉字习得数据库”的建设与分析，从大规模的数据中发掘汉字习得的规律。利用该数据库，能分析笔画数、字频、汉字结构方式、造字方式、构词数等与汉字自身属性相关的因素对习得产生的影响，以及学习者在不同阶段表现出的偏误类型。该部分提供了目前尚不多见的关于汉字习得的纵向、连续的数据，并且初步提出汉字习得可能和二语习得一样，存在一个具有积极意义的“中介状态”。

第六章以“外国人汉字习得数据库”为基础，提出在掌握基本数据的条件下计算汉字习得难度的公式，并尝试建立全体常用汉字的习得难度序列表。

第七章采用传统的问卷方法，从学习者的角度观察汉字学习的规律。该部分主要涉及学习者学习汉字的动机、学习策略以及与课堂教学有关的各种要素。

第八章采用质性研究中的个案研究方法，在深度访谈之后进行了(基于文本分析软件的)文本分析，以提供一个关注个体的观察角度，探究决定学习者汉字学习成败的关键因素。

第九章总结汉字习得的整体规律，并运用认知心理学的原理，从汉字的知觉与注意、记忆、再认、回忆、遗忘等角度对上述习得规律进行全面分析。

第十、十一两章从习得规律的角度来审视对外汉字教学工作。其中第十章为教学理论回顾，把学界关于对外汉字教学的研究分为基于汉字本体分析的教学研究、汉字教学模式的研究、汉字教学大纲/教材/测试等具体环节研究和学习者研究等几个领域进行全面梳理。

第十一章着力于分析几种主要的汉字教学体系(教材)，把汉字教学新模式的探索分为“改革型”和“改进型”两大类，从汉字习得理论出发，对其将来的发展做出展望。

第十二章为全书结论。

目录

第一章　绪论

[本章思维导图]

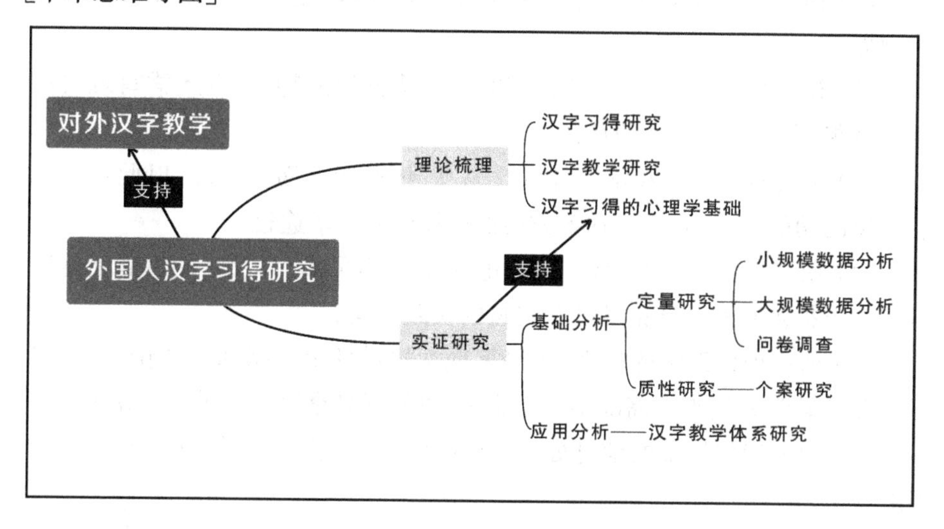

1.1　研究缘起

汉语是一种历史悠久的语言，而汉字数千年来充当着汉语的载体，传承着中国的文明与历史。学术界自古就把对汉字的研究作为传统"小学"研究的重要组成部分。1979 年，周有光先生首次提出"现代汉字学"的名称，并于次年发表了《现代汉字学发凡》一文，明确提出其研究对象是现代汉字的字量、字序、字形、字音、字义和汉字教学法六个方面，一门新的学科由是诞生。

时光的洪流匆匆带走了 30 年光阴，经过新世纪的最初 10 年，一个新的问题摆在了汉字研究者们的面前。据统计，截至 2014 年，全世界学习汉语的外籍人士超过了 4000 万，有 109 个国家、3000 多所高校开设了汉语课程，在全球 120 多个国家建设了超过 1200 所孔子学院和孔子课堂(据国家汉办官网信息)。在汉语走向世界之际，汉字的对外教学却成为制约汉语国际化的瓶颈问题。对西方学习者来说，这种文字形式的难度是独一无二的，不管身处母语环境还是目的语环境，要想成为成功的汉语学习者，汉字的掌握都是必须要过的一个难关。然而，对于教师来说，现代汉字学的丰富成果却不足以提供改善汉字教学所需的全部学术养料，因为前者实际涉及的内容，受制于最初的学科规划，并没有覆盖对外汉字教学以及与之直接相关的研究。比如，高家莺、范可育在《建立现代汉字学刍议》(1985)里，提出现代汉字学应包含以下六个方面：

(1) 研究现代汉字的性质、特点和范围，以此确定现代汉字和古代汉字的划界。

(2) 研究现代汉字在形、音、义和量、序诸方面的特点，以此描写现代汉字的概貌，了解现代汉字的特性。

(3) 研究现代汉字在学习、阅读、书写、传输诸方面的情况，以此考察现代汉字的功能，为提高汉字在各方面的应用效率寻求途径。

(4) 研究现代汉字的简化、标准化、拼音化等问题，为汉字的发展前途即汉字改革提供坚实的理论基础和丰富的实践材料。

(5) 研究现代汉字的教学，为汉字教学提供理论依据和方法论依据，以更科学的教学方法来提高汉字教学水平，以便提高全民族的科学文化水平。

(6) 研究现代汉字的信息处理，加速我国计算机的普及，促进我国的现代化进程。

其中的(3)(5)两点看似与对外汉字教学的需求十分接近，但事实上对汉语母语者的汉字教与学，和对外汉字的教与学还是有着非常大的差异。21世纪初的汉字教学，面临的最大挑战不是“提高全民族的科学文化水平”，而是如何更好地走向世界。而回首20世纪的现代汉字研究，我们又发现，即使是对内的汉字教、学的研究(即高文所列的3、5两条)也并不充分。苏培成(2001)在回顾20世纪的现代汉字研究时，罗列了字频统计、字量研究、汉字简化整理、字形分析、构字法、字音研究、字序研究、规范化、海峡两岸书同文、汉字的评价和前途多达11个方面的内容，但却未曾为对内或对外的汉字的教或学的研究单列一章甚至一节。或许，在基础教育高度普及的当代中国，单纯对内的汉字教、学的研究，的确难以获得很强的驱动力。

但另一方面，外国人学习汉字的难度是确实存在的，这几乎已成为对外汉语界的老生常谈。比如，吕必松先生曾说过：“汉语作为第二语言教学的效率难以提高，根本原因是汉字与汉语的矛盾造成了听、说训练与读、写训练的矛盾，使两者互相制约。”(吕必松，1993)赵金铭也曾指出：“对西方人来说，汉语才是真正的外语。其中最困难的是汉字。汉字教学是汉语作为外语教学与汉语作为母语教学的最大区别之一。汉字是西方人继续学习汉语的瓶颈。汉字教学是汉语作为第二语言教学不同于汉语作为母语教学或其他拼音文字语言教学的最大区别之一。”(赵金铭,2004)在教学的第一线,国内外的对外汉语教师和广大的非汉字圈学习者(尤其是初学者)则一直都在和这个“瓶颈”作着斗争。但从现状来看,目前我们还是不得不通过降低低等级 HSK 考试难度等权宜之计来吸引西方的汉语学习者。如果汉字的教学能有所改进,是否汉语的国际推广就能进行得更加顺利?这是汉语教师、学习者和研究者共同关注的问题。

面对应用领域的迫切需求,现代汉字学的既有成果却无法给出直接的回应,那么学界自然的趋势便是在应用语言学(或者说对外汉语教学)的学科框架下自行发展相关的研究。事实上,从 20 世纪 80 年代至今,这方面的研究已经相当丰富(详见第三章、第十章)。我们选择在此刻进行这项研究,主要是因为前期理论研究已经较为丰富,课题所需要的其他各项主客观条件也基本具备,可以尝试系统、完整地描述外国人学习汉字的全貌。而从“习得”入手进行这项研究,不仅是因为名为“对外汉字教学研究”的专著已有多本,更因为这能帮助我们更好地接近问题的本质。

1.2 研究的目的与意义

我们的研究确定为“外国人汉字习得研究”,也就是从“学”而不是“教”入手研究对外汉字教学问题,是基于如下的考虑:

现代汉字学对于汉字本体的研究较为充分,能够较为完整科学地描述现代汉字的自身属性,而对于汉字的“教”与“学”的过程与特点却束手无策。对外汉语界由于迫切的实际需要,已经产生了大量的关于对外汉字“教”与“学”的研究,这些研究往往以前一领域为基础,但方法论和关注点却截然不同。这和语言本体研究/应用研究的二元对立非常类似。

在应用语言学领域,多年前便已出现研究重心由“教”向“学”的转向,其原因大致在于:

(1) 这更符合“以学习者为中心”的理念。

(2) 与关注“教”的研究主要依靠教学设计者的主观构想不同,关注“学”的研究更容易通过偏误分析、中介语语料库等手段获得客观的数据来支持所述观点。

(3) 从教学法角度进行的研究需要对照实验等更大规模、更长时间、实施更为困难的手段，而且往往会面临学术道德方面的风险（比如，如何解释区别对待实验组和对照组，倘若二者都处于正常的教学进程中）。

(4) 研究学习过程应该是提出教学法的前提，而不是相反。

正因如此，盛炎(1990)曾提出，第一代应用语言学和第二代应用语言学的区别就在于研究重心由“教”向“学”的转移。而这种转移，在对外汉字教学的领域同样显著。据我们的统计，关注汉字教学的研究多见于 2000 年之前，而关注汉字学习的研究则多见于 2000 年之后。在本书的第三章和第十章，我们将分别回顾这两个领域的文献。但这种重心转移或者研究“转向”本身，却显示着研究水平的深化，因为：

(1) 解决“汉字难教”的前提应是了解“汉字难学”的程度和原因。但至少在 2000 年之前，很少有这方面的探索。

(2) 关于汉字教学的研究往往停留在汉字自身属性的分析和对教学设计的构想，并没有在现代汉字学的既有成果上取得真正的进展，也难以做出有力的论证。而要系统验证全新的汉字教学体系，其面临的学术道德风险恐怕会比尝试某种新的教学法更大。

(3) 关注汉字学习的研究却能够充分利用现代汉字学关于汉字音、形、义以及字量、字频、字序等的研究，并结合汉语中介语语料库等工具，以横向或者纵向的研究方式，在或大或小的研究范围中，对汉字的学习做出客观的描写，得出有说服力的结论。

(4) 我们认为任何新的汉字教学体系的试用，都必须具备完善的汉字学习理论基础，这样才能最大限度地回避风险，并对其有效性进行合理的解释。

出于上述原因，我们希望在总结既有的关于汉字学习研究的基础上，从尽可能多的观察角度，利用尽可能多样化的研究方法，来一窥外国人汉字学习过程的全貌。本研究不涉及对于汉字教学体系的实验验证，但却希望所得出的结论能为将来的汉字教学研究、汉字教学体系的设计（包括教材编写）提供坚实的理论支持，从而真正改善对外汉字教学这一目前十分棘手的工作。

1.3 研究对象

本研究名为“外国人汉字习得研究”，因此我们有必要先澄清题目中的几个概念。

其一,关于“外国人”。出于简洁,我们用这个词来指代在将汉语作为外语或第二语言学习时,学习汉字有一定困难的学习者。通常意义上,“外国人”当然包括非中国国籍但属于汉字文化圈的学习者,但在本研究中,这个词的指称对象则不包括后者。或许用“非汉字圈学习者汉字习得研究”会更为贴切,但一则该名称过于冗长,二则事实上在今天,汉字学习不仅仅是“非汉字圈学习者”的问题。比如,韩国由于文字改革的原因,虽于1972年恢复汉字教育,却又于1995年将汉文改为选修科目。因此,对于今天的韩国汉语学习者(尤其是较为年轻的群体)来说,起点状态的汉字的掌握无法和日本学习者这样在母语中先天便已掌握的情况相提并论。因此例如“韩国人汉字习得”也完全可以成为独立的课题,如刘凤芹(2013)的研究。又比如广大的海外华人群体。这个群体中的成员,由于家庭、文化、母语(包括方言)背景等各不一样,汉语掌握的起点状态各不相同,其汉字能力也呈现出多样化的特点。虽说总体上可以用听说能力较好,而(汉字)读写能力较差来形容,但落实到每个个体,却不那么容易下定论。对于这个群体的汉字“教”与“学”,恐怕需要一个规模不亚于本研究的课题才能加以描写,但我们认为这更适合作为下一步的工作。因此,本课题使用“外国人”这个本身不十分严谨的名称,来指代一组外延清晰的对象——母语为非汉字文化圈语言的汉语、汉字学习者。研究的部分结论也许同样适用于韩国学习者或者华裔学习者这样的群体,但为了避免歧义,我们将这些作为今后的工作。同样,在选择研究对象时,我们也尽可能地排除了来自上述群体的成员,而单纯地选择了来自非汉字圈国家的学习者。

其二,关于“习得(acquisition)”和“学习(learning)”。这一对概念一直是应用语言学界争论和力争澄清的对象。Krashen(1981)认为“习得”指在自然环境中通过接触目的语而无意识地“获得”运用该语言的能力,而“学习”指在课堂等环境中有意识地去掌握该语言。然而应用语言学界一直倾向于不区分这二者,因为在实际情况下很难分辨语言的“获得”过程是否有“意识”的参与(Ellis,2008; Stern,1983)。而汉字的掌握也与之类似,我们无法验证“意识”何时参与了汉字的学习过程,尤其是在非课堂环境中。因此,在本书中,汉字的“学习”和“习得”这两个概念在使用中并无差别。我们选择“外国人汉字习得研究”作为书名,主要是因为这样似乎更能和“第二语言习得”这个广泛使用的应用语言学下位学科领域保持一致。虽然以全球化的眼光来看汉字的学习属于一个颇为特殊的领域，但我们所采用的研究范式和方法基本仍属于第二语言习得研究中常用的范式和方法。

其三，关于"汉字"。我们研究"外国人"学习汉字的情况，这个"汉字"专指现代汉字，但即使这样，还是无法绕开繁体汉字和简化汉字并存的现实情况。限于研究条件，本书所做的关于汉字属性与习得情况之间相互关系的定量研究都是针对简化汉字进行的，针对汉字学习者的研究所涉及的研究对象，也都是简化汉字的学习者。我们十分清楚由于历史和现实的原因，在海外有着大量学习繁体汉字的汉语学习者。本研究的结论是否适用于繁体汉字的学习过程和学习者，我们无法用实验数据来回答。但是考虑到繁体汉字总表和简化汉字总表的重合率、二者之间的传承关系（汉字简化并不是1949年之后才发生的，历史上曾有过多次类似的简化过程）以及汉字简化并未改变汉字的本质属性，我们认为或许大部分结论都是可以迁移的。有趣的是，作为外国人汉字习得研究的先驱者，艾伟（1949）提出的结论之一是汉字简化将有利于外国人的学习，这也可以从一个侧面说明简化汉字和繁体汉字的学习规律是相通的。

其四，关于"汉字的习得"。我们努力使对外国人习得汉字的研究遵循语言习得研究的一般范式和方法，但汉字"习得"与否的判定却显示出一难一易两个方面的特点。说它难，是因为汉字本身和汉语之间存在着错综复杂的关系。如果把汉字看作音、形、义的结合体，那么它的字形记录一个音节，这个音节一般记录一个语素，而该语素的语义又往往和字形有着直接的联系。在这种复杂关系之下，学习者很容易出现知音、知义而不知形的情况，有时也会出现见形知音而不知义，或者知义而不知音的情形。如果全面考虑汉字和汉语的关系，如何定义上述状态是研究的一个难点。但从另一方面来讲，汉字习得与否的判定又十分容易。它既不像语法、词汇习得那样存在复杂的中介语状态，又可以通过见字认读（向学习者呈现汉字要求其认读）和提示书写（给予学习者音、义方面的信息，要求其正确书写该汉字）这两种简单的传统手段来直接检验。作为一项应用研究，我们采用后一种做法，主要依靠学习者的认读和书写结果来判断个体学习者的汉字掌握情况和相应汉字的被学习者掌握的总体情况。

1.4 研究的方法论和结构框架

我们希望能够充分收集掌握既有的和汉字习得研究有关的文献资料。

我们希望能够用小规模的定量研究来观察汉字习得受其他因素的影响及其程度。我们希望建立一个较大规模的数据库，用连续、纵向的方法，来观察全体汉字被习得的情况。在此基础上，我们希望得出全体常用汉字的习得难度(排序)表。我们希望用问卷和质性研究的方法，来观察学习者学习汉字的实际情况。如果上述计划都能得到实现，我们将回到理论层面，从认知心理学的角度，来全面解释汉字的习得规律。由于我们进行本研究的最终目的是促进对外汉字教学，在本书的最后部分，我们还希望在总结既有的汉字教学研究的基础上，分析对外汉字教学工作的现状和未来。

第二章　汉字的性质、特点和学习难点

[本章思维导图]

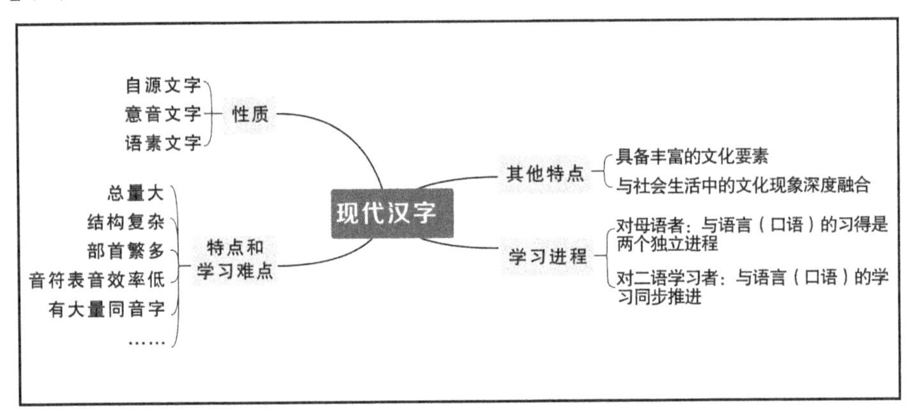

在研究汉字的习得问题之前，我们有必要先探讨一下汉字的本质属性是什么，它的特点是什么，以及造成"汉字难学"现象的因素可能有哪些。

2.1　汉字的性质

自 19 世纪末汉语研究引入西方普通语言学以来，学界对于汉字的本质在不同阶段曾有过不同的认识，这也直接影响到国家的语言文字政策，尤其是汉字的教学理念。

西方主流理论历来将文字看作语言的从属、"符号的符号"。这其实蕴含着以拼音文字为核心、为"先进"的文字观。较著名的论断见于让-雅克·卢梭的《论语言的起源》一书。他认为，人类最初的文字是象形文字，直接描绘对象；汉字属于人类文字发展的第二阶段，即"用约定俗成的字来表示词语及命题"；而描述语音的拼音文字属于更高的第三阶段，由商业民族创造。令人吃惊的是，他竟然说："这三种文字形式恰好对应于三种社会状态，对应于使人群聚合为民族的三种可能方式。描绘对象的方式适合于原始民族(savage peoples)；用符号来表示词语及命题的方式适合于野蛮民族

(barbarian peoples);字母的方式适合于文明民族(civilized peoples)。"(让-雅克·卢梭,2003)需要指出的是,这种观点虽然一度成为主流,但在西方并非没有不同的见解。其中最著名的当属德里达的《论文字学》一书。该书从哲学角度彻底批判了从柏拉图、亚里士多德到索绪尔的重音轻字传统,把它称为"语音中心主义"或"逻各斯中心主义",并进而认为这是西方全部形而上学的思维方式及结构的基础,而作者的目的是要以独特的"文字学"理论来颠覆这一传统结构。书中,作者用了近四分之一的篇幅来批驳卢梭的《论语言的起源》(德里达,1999)。德里达的"文字学"实际上成了他的解构主义的理论基础,在哲学界的影响要远胜于在语言学界。考虑到这个因素,以及该书确实比较晚近(写于 1967 年),我们还是回到现代语言学之父索绪尔那里,来重新审视汉字的地位。

索绪尔说:"语言和文字是两种不同的符号系统,后者存在的唯一理由是在于表现前者。"(索绪尔,1980)。他又说:"对汉人来说,表意字和口说的词都是观念的符号;在他们看来,文字就是第二语言。"(索绪尔,1980)试想 20 世纪初中国正处在积贫积弱之际,文化辐射力之微可以想见,而其人又远在西欧,能做出这样的论断,实属不易。惜哉!前人对此说多有误解,动辄给汉字也冠以"符号的符号"之名,将其等同于印欧的拼音文字,而对于汉字本身的一些特点,则只知贬斥,不能正视。从鲁迅先生的"汉字不灭,中国必亡",到仓促推行又草草收回的二简方案、拼音化主张,直到近人对汉字部件预示能力、汉字超方言性的全盘否定(文武,1987),无不暴露着学界本体论立场的匮乏,始终难以摆脱"印欧语眼光"的束缚。也有一些矫枉过正者,常将汉字的"神奇"拔得过高,过于简化汉字"音、形、义"之间的关系:"这种文字形态能以形达意,与思维直接联系,直接反映思维的内部语言代码,而无须通过语音的间隔带。"(申小龙,1993)有人提出因为汉字的优越性,"世界语言文字的研究中心有可能要转移到中国"(袁晓园、徐德江,1989),这也值得商榷。我们认为,汉字的地位究竟如何,还是应从汉字与印欧拼音文字的本质有无不同、如何不同着手,先作一番理性的思考。

论及汉字与拼音文字的不同,在给两者定名的时候就遇到了麻烦。拼音文字称为"表音文字",或更具体地分为"音素文字"或"音节文字"似乎没有问题,但汉字如何定性至今仍无定论,有人说是表意文字(索绪尔,1980;黄伯荣、廖序东,1983),有人说是表词文字(布龙菲尔德,1980),有人称为"语素文字"(赵元任,1980;吕叔湘,1987),也有人说是"意音文字"(周有光,1957;裘锡圭,1988)。且由于各家文字观及所用术语的不同，这些定义存在着很多“名同实异、名异实同”的情况，使汉字定性更加复杂。但近年来有学者提出一种新的划分方式，即从起源出发，将世界文字分为“自源文字”和“他源文字”，似乎没有引起太多的不同意见。潘文国说：从发生学上看，世界上的文字可分为两大类，一类是自源文字，一类是他源文字。自源文字是自创型的，是某个族群的人们在历史发展过程中独立自主地形成的文字。他源文字又称为借用文字，是借用他民族的文字体系加以调整改造，从而为我所用。汉字是典型的“自源文字”(潘文国，2002)。他又说：表意文字与自源文字、表音文字与他源文字，实际是重合的。凡自源文字都是表意的，凡他源文字都是表音的。(潘文国，2002)事实上，这样的分法不仅有利于搁置争议，也更能从本质上说明两种文字体系的不同。在他主编的《汉英语言对比概论》(潘文国，2010)中，用表 2-1 说明了汉字在世界文字体系中的特殊位置：

表 2-1　世界文字分类

<table>
<tr><th colspan="2" rowspan="2">音义的联系</th><th colspan="3">独立发展</th></tr>
<tr><th colspan="2">自源文字</th><th>他源文字</th></tr>
<tr><td colspan="2">联系的语言单位</td><td>意音文字</td><td>表意文字</td><td>表音文字</td></tr>
<tr><td colspan="2">词语文字</td><td>玛雅文字、苏美尔文字、古埃及圣书字、古汉字</td><td></td><td></td></tr>
<tr><td colspan="2">语素文字</td><td colspan="2">汉字(现代)</td><td></td></tr>
<tr><td colspan="2">音节文字</td><td colspan="2"></td><td>日文</td></tr>
<tr><td rowspan="2">音位文字</td><td>辅音音位文字</td><td colspan="2"></td><td>阿拉伯文</td></tr>
<tr><td>元音、辅音音位文字</td><td colspan="2"></td><td>英文</td></tr>
</table>

汉字是自源的，从其来源上说，是一个“图画→文字画→原始文字”的过程(裘锡圭，1988)。属于相同情况的文字现在知道的，且代表过高度文化的只有西亚的“钉头字”、北非的“圣书字”和东亚的“汉字”(周有光，1998)。这些文字都是来源于有考古资料佐证的原始岩画或刻画记号，具有一定的直观表意性，近来甚至有人提出汉字的“六书”同样能说明其他类型相同或相近的文字的造字和用字原理(周有光，1998)。相形之下，拼音文字的来源被形容为“历史发展的‘必然性’遇到了历史发展的‘偶然性’”，其祖先据考来源于古代闪米特商人对于钉头字的“借用”(周有光，1997)。需要注意的是，

由于借用者对于钉头字表意繁难的刻意回避，这种“借用”纯粹是语音上的，随后的印度字母、希腊字母乃至当今世界通行最广的拉丁字母，无一例外是最初即来自借音的“他源系统”。虽然在内部系统上可以非常完善，却无法回避两个事实：（一）文字从本质上来说是绝不表意的；（二）文字的产生远在所记录的语言成熟之后。这样，文字对语言的依附关系应当是十分明了的。而汉字作为当今世界唯一通行的自源文字，其特殊性就十分显见了。针对字母文字的上述两个特点，我们可以推断汉字当具有这样的性质：（一）文字直接来源于文字画，其理据性在最初的阶段必然是相当直接的，现在也绝对无法磨灭；（二）文字的产生虽然晚于语言，但在文字画时期，语言发展却未必已经基本定型且比较成熟，在图画被有意识地采用来记录语言，并逐渐达到成熟文字必须具备的有序性、稳定性和一一对应性的过程中，汉语和汉字的影响应当是互动的。总之，汉字不是汉语的附属品，而正如索绪尔所说的，汉字是“汉人的第二语言”，是一个有相当独立性的系统。

2.2 汉字的特点和学习难点

苏培成（2014）概括了汉字的六大特点，分别为：

（1）汉字和汉语基本适应，即 1 个字形记录 1 个音节和 1 个语素。这恰能和汉语缺乏形态变化的特性相吻合。

（2）汉字是形音义的统一体，脱离了汉字，则同音语素无法别义。

（3）汉字有较强的超时空性，可以方便现代人阅读古籍，也便于不同方言区之间的交流。

（4）汉字字数繁多，结构复杂，缺少完备的表音系统。尤其是在常用字中占很大比重的形声字，其音符表音度较差而数量众多，有效表音率低，只有 1/4 左右的形声字字音和音符读音完全一样。

（5）汉字用于机械处理和信息处理比较困难。

（6）汉字用于国际文化交流比较困难，使用拉丁字母的国家，进行字母交流十分方便（专名和科技术语方面尤其如此），而汉字的国际流通性较弱。

苏培成认为，前三个特点属于汉字的优点，后三点则属于缺点。然而，如果我们从外国人学习汉字而非纯粹宏观整体的角度观察，就需要依次重新审视以上特点，并归纳出其中构成学习难点的要素：

（1）汉字是适应汉语的文字体系，但是，汉字和字母文字、汉语和使用字母文字的语言之间有着巨大的差别，这并存的两种“差别”，无疑是增加而非减轻汉字学习难度的因素。

(2) 汉语作为第二语言的学习者，在初期当无法感受到汉字相对于汉语的适用性，而同音异义语素的广泛存在，对学习是一种挑战。

(3) 汉字的超时空性具有很大的优势，但这种优势必须在宏观历时的环境中才能体现，而二语学习是相对微观共时的过程。

(4) 汉字总数多；由笔画构成部件再构成整字的形式与拼音文字显著不同；汉字的笔画数多少不均；汉字的部件总量也很大；汉字的部件之间结构方式十分多样；汉字整字或义符的表意并无严格规律，也不自成一个有限的集合；汉字的音符表音效率低，音符总量大。以上无一不是与拼音文字差别巨大的特点，从认知心理学上分析，也无一不构成学习的难点。

(5) 在互联网时代，汉字信息处理的难度，至少在用户层面已经被逐步克服，这反倒成为我们在教与学的过程中可以善加利用的有利因素。

(6) 汉字不利于国际交流的特性同样构成学习的难点：大量非本国的专名(人名、地名等)以及大量的现代科技术语多使用直接音译的方法表示，译名用字往往比较冷僻，每个专名几乎都要求学习者掌握新的较不常用的汉字；而若采用意译，则虽可避免额外学习冷僻字，却会造成译名无法和拉丁字母表示的国际通用的名称直接对应，也间接加大了学习负担。

简单分析汉字的特点，我们可以得出一个悲观的初步判断：汉字的这些特点无论在类型学上有多么宝贵的稀缺性和独特性，但只要是站在对外汉语汉字教学的实用性视角，那么就几乎都是增加非汉字圈学习者困难的因素。让我们不厌其烦地再次罗列汉字的学习难点：

(1) 汉字和字母文字有着本质不同，对学习者来说是全新的文字体系，无法从学习其他外语的经验中获益。

(2) 汉语有大量的同音异形异义字，这对非汉字圈学习者来说是全新的现象。

(3) 汉字总数以千计，而拼音文字系统一般只有几十个字母。

(4) 汉字结构形式独特且无明显规律。

(5) 汉字笔画数多寡不均。

(6) 汉字义符总量大，且无明显规律。

(7) 汉字音符总量大，且表音效率低。

(8) 汉字加大了学习专名和科技术语的难度。

对于这些难点是否真实存在，或者它们造成的难度“等级”究竟如何，在这里我们仅仅能够从逻辑或情理上推断。在本书的余下部分，我们的主要工作其实就是通过实证研究检验上述情况存在与否并尝试提出解决方案。从另一方面看，我们认为，无论是作为汉语学习者、汉语教师还是汉语教、学现象的研究者，都不应该回避这些切实存在的现象。汉字是一种伟大的文字系统，但我们无须（可能也无法）证明西方人对它的学习难度不高于中国人学习西方文字。我们要做的是发现非汉字圈学习者学习汉字的具体规律，并尽可能地通过教学手段的调整降低这种“难度”，或者说提高教、学的效率。

2.3 其他和学习有关的汉字特点

汉字是一种自源文字，在它自身的结构中包含着丰富的文化因素，反映了汉民族悠久的文化特征，这是拼音文字体系所不具备的特点。这种文化因素具体表现为字形所反映的构字理据，这在古汉字中尤为明显，在现代汉字中仍有大量保留。如：

（1）有些字的结构显示了先民的生活和意识。如“取”字在甲骨文中表示以手取耳，因为古代田猎获兽或战争杀敌，一般取下左耳作为记功的凭证。

（2）有些字形的演变反映了相关事物的发展变化，如“炮”本写作“砲”，从石。因为在较早的冷兵器时代，砲是投石机，故从石。在热兵器时代，改用了从火的“炮”。

（3）新字的产生和旧字的消亡反映出某些文化因素的变动。如为了记写“咖啡、啤酒、吨”等外来词语，创造了“咖、啡、啤、吨”等从口的字。

以上几类理据，教师如具备较好的功底，在对外汉字教学中往往会自然地采纳作为促进教学的手段。这种手段是否有效，本书第七、八两章将会进一步探讨。

此外，汉字产生后，以汉字为本体产生了许多汉民族特有的文化现象，如书法、篆刻、对联、回文诗等。而在当下现实的社会生活中，我们还可以将这种文化现象的范围扩充到随处可见的艺术字体乃至日常生活中的各个涉及汉字的场景中去。尤其是对在目的语环境中学习汉字的西方学习者来说，这种由汉字衍生的文化现象是否有助于学习，在第七、八两章也会有所探究。

最后，汉字虽然是一个具有较强独立性和封闭性（从共时角度看）的系统，但对于外国学习者来说，汉字的学习几乎总是和整体的汉语学习交融并进的（对母语学习者来说则往往是基本分开的两个进程）。这种宏观的环境是否影响及如何影响汉字学习，是我们在本书第四章首先将要探讨的问题。在第十、十一两章，我们也会尝试分析人为地将这两个进程分开是否能提高教学效率。

当然，作为实际研究工作的开始，下一章我们将首先回顾学界对汉字习得问题的既有研究。

第三章　外国人汉字习得研究的现状与展望

［本章思维导图］

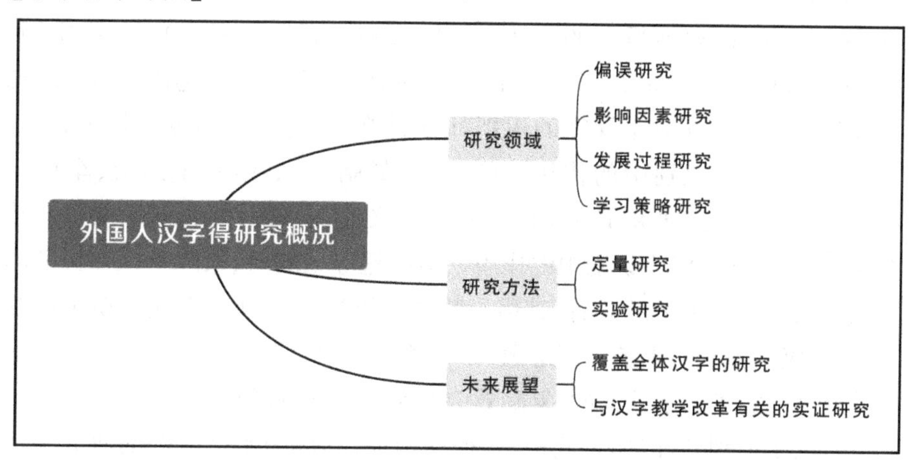

从20世纪70年代末以来，面向外国人（将汉语作为第二语言的学习者）的汉字教学一直是对外汉语界的研究热点与难点。这其中，大部分的研究关注如何“教”汉字，迄今发表在较有影响力的刊物上的研究论文已逾百篇（本书第十章将作介绍）。而从20世纪90年代中期开始，有一部分学者开始着重从学习者的角度入手，关心汉字是如何被外国人“习得”的问题。这与二语习得作为一门学科的兴起以及相应的从“教”向“学”的研究转向是密不可分的。经过十多年的发展，国内专业核心刊物上所发表的该方面的研究文献也已超过50篇。此外，心理学界关于汉字认知的部分研究以及学者艾伟的专著《汉字问题》（1949）也是有助于探索该问题的直接资料。根据上述情况，本章将较全面地分析外国人汉字习得的研究状况，从而为后续的实证研究打好基础。

3.1 相关领域以及前期研究

“外国人汉字习得”这个命题其实应细分为几个层次。第一个层次，它是关于汉字的认知研究。心理学界在这个领域开展过广泛而深入的研究。管益杰、方富熹(2000)在回顾我国汉字识别研究的新进展时，指出该领域的主要研究可分为四大块。(1)字形属性对汉字识别的影响。如喻柏林等(1990)，喻柏林、曹河圻(1992)，喻柏林(1998)，高定国等(1995)，高定国、Phung Dinh Man(1996)，张武田、冯玲(1992)等。研究发现笔画、部件、结构方式乃至整字特征对于汉字的识别都有影响，且这种影响可能是重叠的。(2)语音在汉字识别中的作用。谭力海、彭聃龄(1991)，金志成、李广平(1995)等学者重点研究了汉字的语音在字义激活中的作用，但未取得一致结论。(3)语义在汉字识别中的作用。毕彦超等(1998)、朱晓平(1991)等的研究证实汉字在单字激活后，其语义特征会迅速扩散到上下文语境中的观点。(4)汉字识别与大脑。高定国、郭可教(1993)，郭可教、杨奇志(1995)等人的研究证实了汉字认知的“复脑效应”(左右半脑协同)。

除汉字识别外，诸如张武田、杨德庄(1987)，郭力平(2002)的研究关注汉字在短时记忆和长时记忆中被遗忘的特点，研究发现汉字字形因素及不同加工水平能对汉字的记忆产生影响，这些结论对汉字的习得研究很有借鉴意义。

“外国人汉字习得”的第二个层次是关于汉字被学习者“习得”的研究。相对于外国学习者，母语学习者(以学龄儿童为主体)的习得研究显然具有更有利的研究条件。然而，事实上在系统的汉字教学中进行的针对母语儿童汉字习得状况的研究数量却并不充裕，仅见李娟等(2000)对正字法意识的研究，舒华、宋华(1993)对小学儿童形旁意识的研究以及毕鸿燕、翁旭初(2007)对小学儿童汉字阅读特点的研究等几篇。其结论当然也可供外国人汉字习得研究参考。

上述第一个层次的研究对象不是学习汉语汉字的外国人，其受试多为以汉语为母语的成年人；第二个层次的研究虽然针对学习者，但第一语言学习者的情况未必等同第二语言的学习者，且该类研究受制于数量不足。然而，心理学家艾伟在其专著《汉字问题》(1949)中的有关研究却同时满足这两个条件，即针对母语非汉语(且无汉字背景)学习者的，在其学习汉语汉字过程中进行的汉字习得研究。全书主要包含作者1932—1933年在美国乔治敦大学担任中文教师期间，以200名学习中文的美国学生为受试所进行的三项汉字习得研究，还包括各种类型的论证及引证，旨在全面解决国民汉字教学问题，以扫除文盲，加强基础教育。其研究的主要结论为从形、音、义三方面而论，汉字便于学习的因素以及不利于学习的因素。

字形方面，便于学习的因素有：(1)字形合拢者；(2)字形由横直线组织而成；(3)字之笔画，两方对称。不便于学习的因素有：(1)字的笔画数在13或以上，为左右偏旁组成的；若其任何偏旁的笔画数超过其他偏旁在10以上，则该类字的观察就会非常困难；(2)字的笔画数在10以上，而分为三、四部，由斜线、曲线组成的；(3)字的一部分类似于其他字的一部分，则在书写时容易出错。

字音方面，便于学习的因素有：(1)因常用而能盲记者，(2)借偏旁以得声者，(3)借部分相同而得声者。不便于学习的因素有：(1)偏旁之误读，(2)因字形而误读字音，(3)平日读音不准确者。

字义方面，便于学习的因素是：能就应用方面下定义的。不便于学习的因素是：(1)形声字中借助偏旁不容易猜测字义的，(2)字形简单而意义罕见的，(3)易造成联想错误的，(4)不常见字或见其形不易联想其义之字，(5)字形易讹为他字者。

此外，字的常用性越高，则学习难度越低。

据此，作者除提出教学建议外，还作了简化汉字的提议。

引用该书结论时须注意的前提是，当今的对外汉语教学与20世纪30年代相比，其整体面貌已发生了巨大的变化，而汉字本身也经历了简化过程。正因为如此，我们把该书视作“前期研究”，即新中国对外汉语教学事业肇始之前的有关研究的代表。由于历史的原因，在国内，完全从教学目的出发的外国人汉字习得研究直到大概20年前才重新引起重视，当然，其侧重点与上述著作并不完全一致，下文将分领域概述这些研究及发现。

3.2　单纯的汉字偏误分析及纯理论分析

新时期对外汉语教学界最早从外国学习者角度谈汉字问题的当属杜同惠(1993)的研究。他的文章指出留学生书写汉字中出现的差错可分为字素混淆、字素易位、字素遗失、笔画增损、笔画变形、结构错位、音同字错、混音错字8种，并提出错误的原因来自认知、习惯、学习态度3个方面。虽然文章并没有主动运用应用语言学及心理学等方面的专门理论，但是其具体分析却暗合认知、迁移、学习动机等二语习得理论的重要方面，而着重偏误分析的研究方法也颇有现代意识。施正宇在提出写、念、认、说、查5种能力共同构成学习者的汉字能力的基础上(1999)，又分析了学习者的书写错误(2000)。她提出，如汉语习得过程中的中介语一样，汉字习得过程中也存在着一个中介状态，而以正字法为依据，可将学生的书写错误划分为非字、假字和别字。易洪川(1999a)谈到笔顺规范化对汉字习得的影响。这表明偏误分析的方法在汉字习得研究中得到了有意识的运用。

汉字部件及形声字习得中的偏误研究获得了较多关注。陈慧(2001)研究了外国学生在识别形声字时产生的错误。通过实验，她把外国学生识别形声字时产生的错误分为5个类型：规则性错误、一致性错误、词语连贯性错误、拼音错误和随意性错误。肖奚强(2002)从部件的角度讨论外国学生成系统的汉字偏误，并归为3个大类：(1)部件的改换，(2)部件的增加和减损，(3)部件的变形与变位。夏迪娅·伊布拉音(2007)从学生写错和用错汉字所导致的偏误出发，分析了维吾尔族学生学习汉字过程中出现的汉字偏误类型及其原因，从另一角度为外国人汉字习得提供了参考。北京语言大学“外国学生错别字数据库”课题组(2006)提出利用语料库和数据库技术手段，反映外国学生在汉字学习过程中出现的错字别字现象，为对外汉字教学的各项专题研究提供一个以大量真实文本和原始字形为基础的数据系统和信息平台。课题组提出在此基础上全面开展基于数据库的外国学生错字别字类型、频率与分布等方面的系统研究。这一数据库的建立有助于单纯汉字偏误分析与汉字习得研究的其他方面的结合。

20世纪90年代心理学界对于汉字问题的关注也为外国人的汉字习得研究提供了很多理论依据。吴世雄(1998)和冯丽萍(1998b)引用认知心理学关于汉字认知的有关研究结果来解释外国人习得汉字的过程，尤其是前者侧重于汉字的记忆领域，分别运用情节性记忆理论、原型理论、形象记忆与联想记忆理论、认知层次与呈现频率理论分析了汉字被习得的过程，并提出了相应的教学建议。黄卓明(2000)则引入“图式”理论解释汉字的习得过程。李大遂(2006,2007)提出，汉字的系统性体现在形、音、义三个方面，遵循系统性进行教学可以降低学习者的认知难度，并提出了具体的应用策略。此外，王静(2001)、万业馨(2003)、徐子亮(2003)、冯丽萍(2007)等也从心理学理论方面分析了汉字习得的状况。总的来看，运用多学科理论进行纯理论分析，或采用直接来自学习者的偏误字进行分析，给汉字教学研究提供了有力的支持，但由于上述研究大多尚未采用全面的数据分析方法，因此它们的科学性和说服力仍有一定的局限。

3.3　汉字习得的影响因素的研究

最近十几年，外国人汉字习得研究取得的进展之一是定量及实验研究的方法得到了较广泛的采用。其中，对影响汉字习得因素的研究集中体现出这个特点。在此，虽然偏误分析仍然作为一个最常见的研究手段存在，但其目的都是为了探究影响汉字习得的各类因素，以寻求一条更有效的汉字习得途径。研究又可细分为下面几大块：

3.3.1　汉字自身因素对其习得的影响

汉字自身因素对于习得的影响研究全面涉及了汉字的音、形（包括笔画、部件及结构方式等）、义（如作为语素的构词能力）等诸多方面，形声字依然获得较大重视。

李俊红、李坤珊（2005）通过对美国杜克大学中文项目起点班学生进行测试，论证了部首对于汉字认知的重要意义。冯丽萍等（2005）的部件研究则更具体，他们通过实验发现，对欧美学生来说，右部件和下部件的作用较强；对日韩学生来说，对左右结构的汉字因熟悉度较高而倾向于整字加工，上下两个部件则共同参与汉字识别过程。

冯丽萍（2002）进行了 25 人规模的定量实验来研究非汉字背景留学生汉字形音识别的影响因素，发现：

（1）在字形层次，笔画数、部件数、字形熟悉度是影响汉字识别结果的直接因素。以 6 笔画字为峰值，识别正确率从 3 画到 14 画呈抛物线型分布；单部件的独体字识别较容易，部件数越多识别越困难，笔画和部件都是字形特征加工中的识别单元，但外国学生对部件的组合关系还不十分敏感；熟悉度高的汉字识别比较容易。（2）在语音方面，中级汉语水平的学生已经能够利用声旁提供的语音线索来帮助形声字的识别，声旁熟悉度高、声旁为整字提供的语音线索多、声旁构字能力强的形声字识别比较容易；由同声旁构成的形声字家族中其他成员的读音也会影响某形声字的识别，读音相同的友字[①]对形声字识别起促进作用；在同样都能提供语音线索的情况下，声旁成字的、结构类型易于加工的形声字识别效果最好。

马燕华(2002)的发现却有所不同。她通过分析初级汉语水平欧美留学生汉字仿写、听写、默写错误，发现其复现汉字时错误大多集中在笔画上，结构上错误极少，他们的母语对其汉字学习并无影响。影响他们真假字判断的主要因素亦是笔画的增减。当然她所采用的数据收集分析方法是否科学仍有待商榷。

尤浩杰(2003)的研究似乎较好地解释了上述分歧。他利用中介语语料库，通过大量的数据统计分析，得出两个主要结论：非汉字文化圈学习者对高频汉字的加工只经历笔画和整字两个层次，对低频汉字的加工则经历笔画、部件和整字三个层次，且他们的加工方式主要是序列加工而非平行加工；汉字的独体、包围、横向、纵向四种结构类型中，横向结构是学习者最难掌握的一种结构类型。文章还在第一个结论的基础上提出了关于非汉字文化圈学习者汉字学习分阶段假设。

刘丽萍(2008)通过两个实验，再次分析了汉字笔画数与结构方式对留学生认读和书写汉字的影响以及不同的学习任务对学生汉字学习效果的影响，认为留学生认读汉字的过程不存在笔画数效应和结构方式效应，而书写汉字的过程中则存在；认读与书写两种任务中，前者的学习效果好于后者。

江新(2006)探讨汉字频率和构词数对汉字学习效果的影响。实验要求被试对已学过的不同频率和构词数的汉字写出拼音并组词，结果显示，汉字(在课本中出现)频率对汉字学习效果有影响，而且频率效应的大小受笔画数的制约；未发现构词数对汉字学习效果的影响。研究结果表明，语言输入的频率是影响汉语习得的一个重要因素。然而关于构词能力的结论可能受制于实验规模以及受试选择上的局限(仅选取了刚开始学习汉字不久的汉语初学者)而有所偏差。江新等(2006)针对《中国汉语水平考试大纲》修订的需要，再次对汉字学习的影响因素进行了较全面的研究后发现，汉字的出现频率、构词数、笔画数、部件数与汉字学习效果都是相关的，而其中汉字的构词数与汉字学习效果的关系最为密切。

郝美玲、刘友谊(2007)考察了构词数和语素类型不同的汉字在教材中

---

① 友字，是指采用同一声旁且发音相同的形声字。

的复现情况对汉字学习效果的影响，研究发现：(1)构词数多的汉字，其学习效果较少受复现次数的影响，而构词数少的汉字，其学习效果受复现次数的影响较大；(2)代表自由语素的汉字的学习效果较少受复现次数的影响，而代表黏着语素的汉字的学习效果受复现次数的影响较大。文章建议在教学中应对不同类型的汉字采用不同的复现方式。其实早在1998年，易洪川等即指出《汉语水平词汇与汉字等级大纲》规定的800个甲级字并不完全符合教学的实际需要，提出根据字度原则、代表字原则、自释原则、经济原则来确定字数在1300字左右的基本字表。

陈慧、王魁京(2001)研究了外国学生对形声字的识别情况，结果发现：(1)汉字水平的主效应显著，(2)汉字声旁表音度的主效应显著，(3)汉字水平与形声字声旁表音度的交互作用显著，(4)被试汉语水平与形声字声旁表音度的交互作用接近显著，(5)语境的主效应和它与其他因素的交互作用都不显著。

3.3.2　学习者因素对汉字习得的影响

除了汉字自身因素对其习得有影响之外，很多学者也开始意识到学习者因素，如汉语水平(包括具体的语言要素掌握情况)、母语背景等也在很大程度上决定着汉字习得的进程。高立群、孟凌(2000)通过规模为30人左右的实验发现随着第二语言学习者汉语水平的不断提高，其对汉字字音、字形信息的意识是不断增强的，并且这种提高在形似别字和音同别字中的表现是均衡的。在汉语阅读过程中，无论是初级水平、中级水平还是高级水平的第二语言学习者，字音和字形信息在其汉字识别中的相对作用都并没有像汉语母语者那样存在着一个转换的过程，而是始终以字形的作用为主，以字音的作用为辅。这和对于汉语母语者研究的结果不一致。高立群(2001)依靠中介语语料库再次得出同一结论，并发现国籍(母语)和HSK等级同留学生形声字的掌握有密切的关系。

江新(2003)研究了母语背景和汉字学习的关系。她发现，有汉字背景的日韩学生记忆汉字的意义可能不依赖汉字的正确读音，而表音文字背景的印尼、美国学生记忆汉字的意义则可能依赖汉字的读音。

吴门吉等(2006)采用注音、听写、选择填空等实验方法，对欧美、韩国、日本的89名学生的汉字认读与书写习得情况进行了调查，旨在考察不同文字背景对汉字学习的影响。结果显示：(1)欧美学生的汉字认读(声韵拼合)

不如韩国学生;(2)与声韵拼合成绩相比,所有被试的声调成绩都不好,且不随汉语水平的提高而改善;(3)欧美学生的汉字书写在初级阶段劣势明显,而中级阶段进步显著;(4)欧美、韩国学生字形书写错误突出,日本学生音近字错误较多;(5)欧美初级组的汉字认读与书写成绩存在显著关联性。

上述研究着重于寻求汉字的音、形、义对于不同母语背景的学习者所产生的影响。很明显,由于研究对象样本选择上的区别,且汉字的认读与书写又很可能是两个遵循不同规律的渐进过程,因此它们的结论存在很多彼此矛盾或者表述不一致的地方。这一问题的进一步廓清,需要更大的样本容量以及更完善的数据分析手段,在对象的选择上,也许单独关注非汉字圈学习者会具有更大的应用价值。

3.3.3 教学法因素对汉字习得的影响

汉字习得过程中,能够从外部直接施加有利影响的无疑是教学法因素。朱志平、哈丽娜(1999)考察了两组波兰学生与一组美国学生汉字习得的情况,并对这三组学生的调查数据分别作横向与纵向的对比,运用认知心理学的研究成果加以分析。研究结果表明:(1)教学手段直接影响习得效果;(2)有效的教学手段不是一劳永逸的,需要足够的学习时间来保证;(3)对以拼音文字为母语文字的学生,汉字正字法的掌握是汉字习得的关键所在。

柳燕梅、江新(2003)通过 21 名受试参与的实验对比,发现在学习汉字时,采用回忆默写法比重复抄写法有更好的学习效果,在字形掌握方面尤为明显。

郝美玲、舒华(2005)采用类似于课堂教学的学习—测验—迁移任务,考察利用教学手段能否使初级阶段的留学生在短期内意识到汉语形声字声旁的表音功能,并积极利用该功能来学习和记忆生字。实验结果表明,教学手段可以引导留学生发现声旁的表音功能并积极加以利用。此外,郝美玲、张伟(2006)通过回归分析发现,同形语素的意识对提高汉字学习成绩起着非常重要的作用。

严彦(2013)对不同笔画、不同频率、不同结构的汉字进行了 3 次教学实验,考察了“认写同步”和“多认少写”两种教法对汉字“形、音、义”三个维度习得效果的影响。结果发现对于字义和字形的习得,都是前者优于后者,而语音习得的情况则无明显差异。

李蕊、叶彬彬(2013)采取实验的方法实施两次相同的测试,将“语文分进”的实验组和“语文并进”的对照组进行对比。实验结果显示，“语文分进”教学模式下的非汉字圈学习者在汉字能力中的音、形、义的联结，形旁和声旁的分辨利用及语素义分解组合三方面均有较为突出的优势，进而推测“语文分进”的教学模式对提高学习者的汉字能力有较显著稳定的影响。

上述影响汉字习得的三个方面都较适宜展开定量研究，但从文献数量看，汉字自身因素的研究较为充分，而在教材编写、课程设计等实践领域的应用却较为罕见；关于学习者因素和教学法因素的研究近年在逐步增加，尤其是后者对于指导教学有着很实际的意义。但可能由于进行系统论证有难度（如需要稳定对照组，跟踪较长时间），纵向（跟踪式）研究数量较为稀少。当然从另一个角度，它也可被看作是一个可以拓展的研究领域。

3.4　汉字习得的发展过程研究

上述偏误分析及影响因素的研究是一种偏向于静态或者说是注重习得结果的研究。与之相对，动态的亦即对于汉字习得的发展过程的研究同样建树颇丰。这一领域的研究有些仍是从被习得的汉字本身着手的，如江新、柳燕梅(2004)通过研究拼音文字背景的32名外国学生在自然写作中出现的汉字书写错误类型，探讨汉字书写法知识的形成和发展规律。结果显示：(1)在书写错误中错字比别字多，但随着识字量增加，被试汉字书写中的错字错误减少，而别字错误增多；(2)在全体汉字书写错误中，由字形相似导致的错误多于由字音相似导致的错误，但随着识字量增加，被试汉字书写中的字形错误减少，而字音错误增多。在别字错误中字形和字音错误也存在类似的趋势。

而更多的学者则聚焦于学习者的心理过程，尤其是字形、字音等汉字意识的建立与发展。王碧霞等(1994)采用问卷形式考察了留学生识记汉字的心理过程，提出学习者记忆汉字的策略分为形象联想、结构联想、母语的联想等，而从过程来讲可分为摸索期、过渡期、适应期等阶段。据此，提出留学生识记汉字的困难在于：(1)视觉习惯的改变，(2)尚未形成汉字处理的脑机制，(3)缺乏汉字的积淀。这是对外汉语教学界第一次从心理学角度对汉字学习问题进行的分析。姜丽萍(1998)的研究得出了类似的结论，并建议在学生学习汉字初期，应强化机械识记；随着学生对汉字认识的加深，可培养学生利用汉字“组块”进行联想；进入第二学期后，逐步转入运用汉字构字规律进行识记阶段，抓形声字。

江新(2001)发现，和汉语儿童相似，外国留学生对汉字形声字的读音也明显受到声符表音规则性的影响，且形声字的读音规则性效应随汉语水平提高而增大，留学生对形声字声符表音作用的意识可能随汉语水平提高而增强。

鹿士义(2002)以初、中、高三级汉语水平、母语为拼音文字的汉语学习者共83人为被试，以左右、上下、半包围三种结构类型的真、假、非字为实验材料进行词汇判断作业，探讨其汉字正字法意识的发展，结果表明：(1)母语为拼音文字的成人，其正字法意识的发展是一个渐进的过程，从初识汉字到正字法意识的萌发需要两年左右的时间；(2)结构类型效应是一个动态的发展过程，汉字识别中虽然不存在结构类型效应，但结构类型却影响正字法意识的发展，只有当识字能力发展到一定水平才会出现结构类型效应。正字法意识是在识字过程中发展起来的。

陈传锋、董小玉(2003)提出了汉字识别的"多层次格式塔双向加工模型"的理论构想。人们认识生字的过程同样具有格式塔双向加工的特点。在汉字认识过程中，一般都要经过"整体—部分—整体"的加工过程。即先认整个字，然后将它分解成若干部件，再分析每个部件的构成笔画，最后再合成一体。

王建勤(2005a)的博士学位论文《外国学生汉字构形意识发展的模拟研究》在自组织模型和SARNDTE模型的基础上建构了外国学生汉字部件识别模型"CRCC"。他利用这个模型进行汉字认知效应的模拟研究。通过模型对真、假、非字的认知效应，模拟了外国学生汉字构形意识的萌发与发展，以及汉字结构类型的认知效应；此外，通过模型汉字识别的错误分析，揭示了学习者的汉字识别策略。他同时验证了模型的汉字认知效应与行为实验研究的结果大致吻合，说明模型的汉字认知效应对对外汉字教学具有一定的现实意义。利用这个模型，他(2005b)进行了汉字构形规则认知效应的模拟研究。通过模型对真、假、非字认知效应的模拟，探讨外国学生汉字构形意识发展过程以及汉字结构类型对其发展的影响。研究表明，学习者对频次是非常敏感的。此外，外国学生虽然具有成人的认知能力，但其汉字构形意识的萌发却需要中国小学生两倍以上的汉字识字量。因此，集中识字更有利于外国学生汉字识别与书写能力的提高。王建勤、高立群(2005)在证实上述结论的基础上，提出在汉字习得的初期，欧美学生更多地采取字形的认知策略，随着汉语水平的提高，而其构形意识发展却相对滞后，往往转而采取利用字音信息为主的认知策略。

李蕊（2005a）采用纸笔测试的方式，考察留学生形旁意识的发展过程。结果发现：（1）初级阶段的留学生具有一定的关于形旁表义的概念，但是还不能自动运用到阅读任务中去，面对陌生汉字时，还没有根据形旁猜测字义的意识；（2）留学生学习汉语7～10个月的时候，逐渐发展起比较自动化的形旁意识，对各种频率的目标字都能利用形旁线索进行意义相关的选择；（3）留学生学习汉语大约14～15个月后，形旁意识完全达到自动化程度，已经能够十分熟练地运用形旁线索来猜测字义；（4）留学生形旁意识的发展有一个从“学习到的知识”发展为“习得的知识”的自动化过程，与二语习得的发展路径有某种类似之处。

徐彩华、刘芳、冯丽萍（2007）通过受试人数分别为18人、18人、27人的3个定量实验考察汉字分解过程中留学生是否能够识别分解体中的错误。结果发现：（1）母语者在笔画增减识别上容易出错，而留学生对方向逆反、部件替换的识别能力比较差；（2）留学生的汉字形误识别经历了不同于母语者到接近母语者的发展过程，结果表明学习汉语的前一年半是汉字形误识别能力发展的敏感期。

对于大多数学习者来说，汉字习得是一个艰难且漫长的过程。对这个发展过程的研究的大量出现，显示了研究者渐趋务实的态度，或者说研究水平的提高。比如，3.3.1部分提到的结论分歧，也许就能通过划分阶段的方式来化解。这方面的研究若要寻求进一步的发展，并产生应用方面的价值，应当以识字量等标准严格界定各个学习阶段，并总结出不同阶段汉字习得的主要特点。

3.5　学习者学习策略的研究

对于学习者学习策略进行的研究出现得相对较晚，但在研究方法的采用上却较有新意。江新、赵果（2001）建构了一个有一定信度和效度的汉字学习策略量表，并对初级阶段外国留学生的汉字学习策略进行分析，结果发现：（1）在总体上，留学生最常使用的是整体字形策略、音义策略、笔画策略和复习策略，其次是应用策略，最不常用的是归纳策略；（2）“汉字圈”国家的学生比“非汉字圈”国家的学生更多使用音义策略、应用策略，更少使用字形策略、复习策略;(3)"汉字圈"国家的学生比"非汉字圈"国家的学生更加经常使用制订计划和设置目标的元认知策略。赵果、江新(2002)在此基础上对初级阶段留学生汉字学习策略和汉字学习成绩进行了相关分析,发现:(1)应用策略对提高汉字学习效果有很大的帮助,(2)字形策略很可能不利于汉字书写的学习,(3)利用意符对汉字意义识别很有帮助,(4)形声字学习比非形声字学习对策略的使用更敏感。

与上述研究者采用量表进行分析不同,安然、单韵鸣(2006)的研究体现出目前在二语习得研究中开始流行的"质"的研究的特点。她们通过要求书写规定的汉字、观察其书写过程、面谈以了解其书写时的思维过程等一系列定性分析的手段,客观描述了4名非汉字圈学生书写汉字及对这些汉字笔画和结构修正行为的全部过程,发现:(1)他们书写汉字的偏误具有相似性,(2)他们书写汉字已具备一定的监控和修正能力,(3)修正行为只在完成一个汉字的完整书写后发生,(4)笔画偏误的修正显著,(5)监控和修正能力可能跟汉语水平相关。安然、单韵鸣(2007)同样通过一般性面谈、纵深式访谈、现场考察、摄录观察、追踪调查等定性分析的手段,对非汉字圈学生书写汉字和教师教授汉字的过程进行了细致深入的个案研究。结果发现学生书写汉字时的笔顺问题并不直接反映其汉语水平,因此笔顺教学可能并不具有和部首教学同样的重要性。运用类似方法,安然、邹艳(2008)则发现10画以上以及全包、半包结构的汉字较难掌握,且学习者书写汉字的笔顺错误具有相似性。

潘景景(2007)的硕士学位论文通过分析90名欧美与韩国学习者在汉字识别测验中的错误类型来全面研究他们在短时记忆中的汉字识别所使用的加工策略。研究结果表明:初级阶段学习者使用的主导加工策略是字形策略;中级阶段欧美学习者使用的主导加工策略是字形策略,韩国学习者使用的主导加工策略是字形和字音混合使用的加工策略;高级阶段学习者使用的主导加工策略是形音混合策略;母语背景和汉语水平影响加工策略的使用,初、中级水平阶段,欧美学习者的字形、字义、形音和形义策略多于韩国学习者;从初级到高级,字义策略始终不是主导加工策略。

马明艳(2007)进行了对非汉字圈零起点留学生的个案研究,她以学生课程笔记和练习本中书写的汉字为主要材料,从书写错误、字形策略、记忆策略、应用策略、复习策略、归纳策略等角度,分析了各种学习策略在各个学习阶段不同的使用和分布情况,并通过汉字测试和学习策略调查等辅助手段，对该生学习策略的使用与发展趋势进行了验证，结果证实分析基本准确。

李香平(2006a)提出“新说文解字”，即将一种流俗文字学的字理阐释方式用于汉字教学，因其往往更为形象直观，符合学习者的认知规律，可产生传统文字学字理阐释所不具备的作用。她(2008)进一步提出可以在课堂上将流俗文字学和正统的“六书”说相结合，进行更有效的字理阐释。

柳燕梅(2009b)通过问卷分析的形式，证实汉字学习策略是可以“教”给学生的，且这种策略训练是有效的，参加训练的学生在记忆汉字时的书写负担减轻了。她(2009a)还进行了自然环境下的课堂教学实验，检验部件策略训练对学生策略真实使用情况的影响。结果发现，策略训练会使学生的策略使用频率有所提高，分散训练方式的效果略优于集中训练的方式，两种方式效果的差异极其接近显著；但对不同国别学生的教学效果无显著差异。她的这一研究更大的意义在于证明了学习者策略研究的实际应用价值。

学习者策略研究是二语习得研究的一个主要门类。与前几个领域强调客观性的研究相比，这个领域具备主客观相结合的特点，即它可以深入了解学习者的实际心理状态，并对外国人汉字习得中的一些特点进行解释。近年来兴起的“质的研究”的方法，也为处在不同研究条件下的研究者提供了更多的方法论选择，有助于推进这方面研究的发展。

3.6　回顾与展望

外国人汉字习得研究的兴起可以说是历史的必然。与汉字教学研究相比，这个领域的文献虽然数量偏少，但其亮点主要体现在方法论层面。可以看到，研究方法中采用定量及实验研究的接近90%，体现出了较高的科学性，其结论也较有说服力。这可能是因为在教学法的研究中采用定量方法的难度更大，如必须设置人数较多的对照组，进行较长时间的跟踪研究等，而习得研究却提供了针对数量较少的受试，以及采用小规模实验方法的可能性。同时可以看到，按照Rod Ellis在《第二语言习得研究》一书中的分类，横向研究(cross-sectional studies，即在同一时间点对习得情况的研究)及纵向研究(longitudinal studies，即对在一段时间内语言习得发展情况的研究)两种方法都得到了采用，这为今后进一步考察汉字习得的全貌提供了很好的基础。

从成果来看，研究覆盖了汉字本体、各类影响因素（横向）、习得发展过程（纵向）以及学习者策略四大方面。其中汉字自身因素对汉字习得影响的研究进行得最为充分，若对各家结论进行归纳的话，基本已可窥见常用汉字被习得情况的全貌，而其他诸方面尚待补足。这种数量上的欠缺以及某些结论的彼此矛盾，可能是由于研究条件的局限（如很多研究单位缺少稳定的非汉字圈学习者群体作为研究对象）以及主要由此引起的研究设计上的缺陷（如欧美和日韩学习者未能合理区分与整合）。对研究的进一步发展较为有利的是，随着汉语的日趋国际化，研究条件上的局限有望很快被打破。

我们认为，汉字习得研究的突破口，第一是研究的系统化，因为常用汉字的总量是一个有限的集合，若能对全体常用汉字的习得情况作一描写，将能全面指导理论研究和实际应用，因此本书第五、六两章将着力于这方面的工作；第二是研究者应主动地寻找汉字习得研究与汉字教学实践的接口，使两者成为相互促进的关系，因为这才是开展汉字习得研究的初衷。本书第十、十一两章将以此为核心展开。但在接下来的第四章，我们想先通过小规模的实验研究来看看汉字的习得究竟是一个较为独立的过程，还是与其他各种语言要素的习得有着一定的相关性。因为我们认为这可以为较大规模的、纵向的定量研究铺平道路。

第四章　外国人汉字习得的相关因素研究

[本章思维导图]

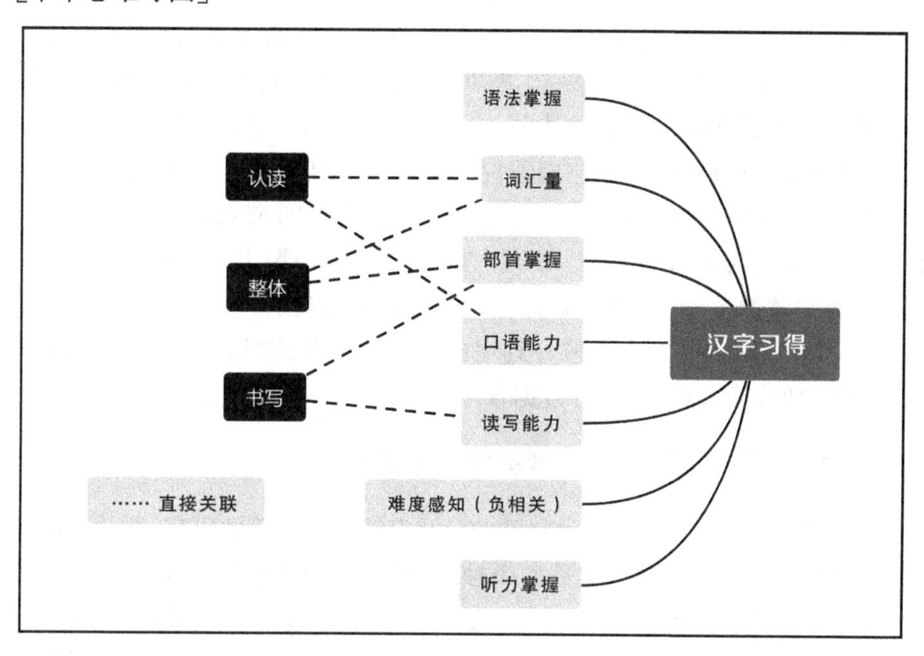

4.1　研究相关因素的目的和意义

在第三章，我们回顾了迄今为止关于汉字习得问题的主要研究。在我们看来，该类研究尚存一处不足，即和以汉语为母语的人学习汉字不同，实际的对外汉字教学过程通常并不是独立展开的，从本体角度看，它不仅涉及部件、字形、笔画数、字频等从属于汉字自身的要素，还往往和诸如语音、词汇等语言要素的教学以及听、说、读、写等综合能力的培养存在着并行关系；从学习者角度看，它也并不仅仅涉及教材选编、教学方法等教师可控的因素，还和学习者的兴趣、态度以及先天的图形识别能力等无法直接控制的因素有关。只有系统全面地考察上述相关因素之后，才能对对外汉字教学进行整体把握，其调整与改善才具有可行性，更大规模的汉字习得数据库建设才有据可依。为此，我们以在上海某高校学习汉语的31名零起点非汉字文化圈的学生为考察对象，进行了汉字习得的相关因素研究。

4.2 变量设定及数据采集

我们选择的考察对象为两个零起点汉语长期班出勤率在90%以上的全体学生。这些学生分别来自法国、比利时、肯尼亚、布隆迪等25个非汉字文化圈国家，且都掌握英语。第一学期共开设精读、口语、听力3门课程，每周24课时，两个班的同一课程都由同一位教师采用同一教材，按照同一教案、同一进度表进行教学，变量控制情况较为理想。其中精读课采用李晓琪主编的《博雅汉语：初级起步篇 I》(北京大学出版社2005年第一版)作为教材，到数据采集时为止，共教学9周(半学期)，完成15课(共30课)，按教材设定，学生需掌握生词333个、汉字345个、语法点(以教材语法部分列出为准)39个。口语、听力课进度也按计划完成。在期中考试周后，以问卷、随堂测试等形式收集所需数据，部分数据直接采集自期中考试成绩。

4.2.1 因变量(汉字习得情况)的设定及采集

我们首先注意到，根据江新(2007a)及安雄(2003)等的研究，留学生的汉字认读和汉字书写极有可能是两个独立的过程，因此我们对学生的这两项能力分别进行了量化统计。具体做法为从精读教材所要求掌握的345个汉字中，随机选择25个，以单字形式呈现，要求学生在规定时间内：(1)标注拼音(若仅声调错误也记为正确)，(2)以该字组词或组句(词或词组中其他语素允许以拼音书写)。二者皆正确的记1分，错一项的记0.5分，满分为25分。该变量记为VAR0.1(汉字认读)。

从剩余的320个汉字中再随机选取25个，每个字组成一个短句(难度足够简单，保证学生理解)，该字从句中挖去，以拼音表示，要求学生在规定时间内按照上下文写出正确的汉字。每字记1分，满分为25分。该变量记为VAR0.2(汉字书写)。

把VAR0.1和VAR0.2相加，得到VAR0(汉字)，即汉字习得的整体情况，满分50分。

4.2.2 学习者自身因素自变量的设定及采集

统计这31名学生在9周学习期间,按教学要求完成的约2330字次的抄写作业中,出现错别字的百分比,作为其先天文字识别摹写能力的统计值,记为VAR1.1(识写能力)。

以问卷形式,要求学生从数字1—10中选择1个,来表示自己对学习汉字的感兴趣程度(1为最不感兴趣,10为最感兴趣),该变量为等秩变量,记为VAR1.2(兴趣)。

以问卷形式,要求学生从数字1—10中选择1个,来表示自己对汉字学习难度的感受(1为感觉极容易,10为感觉极难),该变量为等秩变量,记为VAR1.3(难度认同)。

4.2.3 单项语言要素习得情况自变量的设定及采集

一般语言教学及习得研究中,经常且容易被量化考察的单项要素为语音、词汇、语法,考虑到本研究的目的,再增加部首(掌握情况)一项,共四项,其中:

为考察语音习得情况,从精读教材要求掌握的333个生词中,选取15个双字词,使这些词双语素的音调组合情况(1—4声及轻声)覆盖尽量多的可能组合数(全部可能的20种组合中的15种),每词以汉字及上标拼音的形式呈现,要求学生在准备几分钟后认读,由两位教师共同打分,取其均值作为最后得分。其中,每个语素的声、韵、调若正确,则各记1分,全部15个双字词满分为90分。此外,以上述15词为主,组成3个短句,也以汉字加上标拼音的形式呈现,要求学生认读,以考察其整体语音面貌,由教师打分,满分为10分。整个语音部分满分为100分,记为VAR2.1(语音)。

为考察词汇掌握情况,从精读教材要求掌握的333个生词中,随机选取25个,以汉字加上标拼音的形式呈现,每词下面设4个选项,为4个英文单词,包括该词正确的英文翻译及必要的干扰项,要求学生选出其中正确的翻译词,共计25分。此外,随机选取要求掌握的333词以外的甲级词25个(考虑到学生可能在别的课型或其他场合习得),也以同样方式考察,共计25分。整个词汇部分满分为50分,记为VAR2.2(词汇)。

为考察语法掌握情况,从教材列出的39个语法点中,选取便于设计试题的32个,以多项选择(4选1)的形式设计考题(采用诸如选择正确的位置插入指定词语、排序、选择合适的词等形式)，检查学生得分情况，满分为 32 分，记为 VAR2.3(语法)。

精读课教学大纲并未对部首掌握作具体要求，但在实际教学中，教师还是对每个出现的常用部首作了介绍及适时复习，但没有强制要求学生掌握。在此次变量采集中，我们以基本穷尽的方式列出了已经出现并讲解过的 27 个常用部首，要求学生用汉语或英语写出其基本意义。教师在判定得分时采用相对宽松的标准。每个正确标注的部首计 1 分，此部分满分 27 分，记为 VAR2.4(部首)。

4.2.4 综合语言能力习得情况自变量的设定及采集

由于采用了严格控制变量的平行班教学，这 31 名学生的精读、口语、听力期中考试成绩可以作为衡量其截至该阶段汉语读写能力、口头表达能力、听力理解能力的指标。其中：

精读成绩满分为 100 分，记为 VAR3.1(读写)。

口语成绩满分为 100 分，记为 VAR3.2(口语)。

听力成绩满分为 100 分，记为 VAR3.3(听力)。

综上，本研究包含的上述全部变量及其含义、满分值的总表头如表 4-1 所示：

表 4-1 全部变量及满分值

变量	含义	满分值
VAR0	汉字	50
VAR0.1	汉字认读	25
VAR0.2	汉字书写	25
VAR1.1	识写能力	100%
VAR1.2 *	兴趣	10
VAR1.3 *	难度认同	10
VAR2.1	语音	100
VAR2.2	词汇	50
VAR2.3	语法	32
VAR2.4	部首	27
VAR3.1	读写	100
VAR3.2	口语	100
VAR3.3	听力	100

* 非连续(等秩)变量

4.3　数据分析

我们用 SPSS15.0 软件进行了下面几组分析：

4.3.1　汉字认读与书写能力差异检验

我们首先来检查一下因变量：汉字习得情况。根据江新（2007a）等的研究结果，我们在因变量设定时已将其分成了汉字认读（VAR0.1）和汉字书写（VAR0.2）两项。统计这两项的平均分、标准差，并对其进行简单相关检验及 t 检验，得到结果如表 4-2 所示：

表 4-2　因变量检验

配对样本统计

平均值	N	标准差	
汉字认读	19.0161	31	4.98077
汉字书写	12.9677	31	7.11095

简单相关分析

	N	R	Sig.
汉字认读 & 汉字书写	31	.838**	.000

配对 t 检验

	N	t	Sig.
汉字认读 & 汉字书写	31	8.417	.000

（95%置信区间）

从上述结果可以看到，尽管汉字的认读和书写呈现高度相关（P=0.000），但两者习得效果的差异也达到了非常显著的水平（认读明显优于书写）。这就为我们接下来将两者分开进行相关性分析提供了依据。

4.3.2　汉字习得情况与先天识写能力的相关性分析

我们分别将总体汉字习得情况（VAR0）、汉字认读能力（VAR0.1）、汉字书写能力（VAR0.2）与学生先天的汉字识写能力（VAR1.1）进行简单相关分析，得到结果如表 4-3 所示：

表 4-3 先天识写能力与汉字习得的相关分析

		识写能力
汉字	Pearson Correlation	—.127
	Sig.（2—tailed）	.496
汉字认读	Pearson Correlation	—.041
	Sig.（2—tailed）	.827
汉字书写	Pearson Correlation	—.219
	Sig.（2—tailed）	.236

从这 3 项分析中可以看到，留学生的汉字习得，无论是认读、书写还是总体情况，与学生先天的识别、摹写能力均不存在明显的相关关系。

4.3.3 汉字习得情况与学生学习兴趣、对汉字难度认同的相关性分析

我们分别将总体汉字习得情况（VAR0）、汉字认读能力（VAR0.1）、汉字书写能力（VAR0.2）作为变量 1，与学生对汉字学习的兴趣（VAR1.2）和学生对汉字学习难度的认同（VAR1.3）进行简单相关分析。鉴于 VAR1.2 和 VAR1.3 均为等秩变量，我们在实际分析时，将 VAR0×2 后取其十位数+1、VAR0.1 和 VAR0.2 各自×4 后取其十位数+1，以将第一个变量也转换为范围从 1 到 10 的等秩变量，然后采用 Spearman 法进行相关分析，得到结果如表4-4和表4-5所示：

表 4-4 学生学习兴趣与汉字习得的相关分析

			兴趣
Spearman's rho	汉字	Correlation Coefficient	.099
		Sig.（2—tailed）	.595
	汉字认读	Correlation Coefficient	.074
		Sig.（2—tailed）	.693
	汉字书写	Correlation Coefficient	.138
		Sig.（2—tailed）	.459

表 4-5　学生对汉字学习难度的认同与汉字习得的相关分析

			难度认同
Spearman's rho	汉字	Correlation Coefficient	—.464**
		Sig. (2—tailed)	.009
	汉字认读	Correlation Coefficient	—.331
		Sig. (2—tailed)	.069
	汉字书写	Correlation Coefficient	—.443*
		Sig. (2—tailed)	.013

结果表明，留学生对于学习汉字感兴趣的程度与其汉字学习效果几乎不存在相关关系，但他们对汉字学习难度的评价，与其汉字学习的总体情况呈现高度的负相关(在 0.01 水平上显著)，与其汉字认读能力的培养呈现接近显著程度的负相关，与其汉字书写能力的培养呈现较显著的负相关(在 0.05水平上显著)。

4.3.4　汉字习得情况与各语言要素习得及各综合语言能力习得的相关性分析

在第一部分中我们就提出，在实际的教学中，留学生的汉字学习通常并不是一个孤立的过程，而是与其他各语言要素的学习乃至听、说、读、写等综合能力的培养存在着一个并进、互动的关系。为了全面考察汉字习得与这些要素、能力的相关性，我们先将汉字总体习得情况(VAR0)、汉字认读能力(VAR0.1)、汉字书写能力(VAR0.2)作为变量 1，与语音(VAR 2.1)、词汇(VAR2.2)、语法(VAR2.3)、部首(VAR2.4)、读写(VAR3.1)、口语(VAR3.2)、听力(VAR3.3)七大要素分别用 Pearson 法作简单相关分析，得到如表 4-6 所示矩阵：

表 4-6　学生汉字习得与各语言要素、语言能力习得情况的简单相关分析

		汉字	语音	词汇	语法	部首	读写	口语	听力
汉字	R	1							
	Sig.								
语音	R	.136	1						
	Sig.	.465							

续表

		汉字	语音	词汇	语法	部首	读写	口语	听力
词汇	R	.590**	.270	1					
	Sig.	.000	.141						
语法	R	.415 *	.338	.489**	1				
	Sig.	.020	.063	.005					
部首	R	.571**	.102	.331	.441 *	1			
	Sig.	.001	.584	.069	.013				
读写	R	.570**	.244	.594**	.911**	.543**	1		
	Sig.	.001	.186	.000	.000	.002			
口语	R	.530**	.247	.467**	.604**	.541**	.664**	1	
	Sig.	.002	.180	.008	.000	.002	.000		
听力	R	.394 *	.348	.469**	.489**	.426 *	.449 *	.466**	1
	Sig.	.028	.055	.008	.005	.017	.011	.008	

** 在 .01 水平(双侧)上显著　* 在.05 水平(双侧)上显著

可以看到,学生的汉字习得情况与除语音习得情况之外的其他六大要素都存在着一定程度的简单(正)相关关系。但同时也可以看到,事实上,除了语音这个要素较为独立之外,其他被检验的 7 个变量两两之间也大多存在着相关关系(把汉字认读情况、汉字书写情况作为变量 1 进行检验,也得到类似结果,限于篇幅,此处略去)。如果把语言学习作为一个互动整体来看待,出现这样的现象是正常而且是必然的,但作为汉字习得与其他因素的相关性研究,这样的结果显然意义不大。因此,有必要引入多元回归分析,来检验在上述 7 大要素中,与汉字习得情况存在实质相关的变量。与前面一样,我们分别将总体汉字习得情况、汉字认读、汉字书写作为因变量,将其他 7 个变量作为自变量,进行多元线性回归分析,在变量选择时采用逐步(stepwise)法,得到如表 4-7 所示的 3 组结果:

表 4-7　学生汉字习得情况相关因素的多元线性回归分析回归系数表

	Model	Unstandardized Coefficients		Standardized Coefficients	t	Sig.
		B	Std. Error	Beta		
因变量：汉字（排除变量：语音、语法、读写、口语、听力）	1 (Constant)	−.913	8.607		−.106	.916
	词汇	1.078	.274	.590	3.934	.000
	2 (Constant)	−2.416	7.633		−.317	.754
	词汇	.823	.257	.450	3.201	.003
	部首	.819	.272	.423	3.006	.006
因变量：汉字认读（排除变量：语音、语法、部首、读写、听力）	1 (Constant)	−5.610	6.621		−.847	.404
	口语	.283	.076	.571	3.743	.001
	2 (Constant)	−7.389	6.204		−1.191	.244
	口语	.196	.080	.395	2.462	.020
	词汇	.304	.129	.377	2.351	.026
因变量：汉字书写（排除变量：语音、词汇、语法、口语、听力）	1 (Constant)	−20.743	6.925		−2.996	.006
	读写	.393	.080	.674	4.916	.000
	2 (Constant)	−16.239	6.799		−2.389	.024
	读写	.285	.089	.488	3.190	.003
	部首	.417	.187	.342	2.233	.034

结果发现，与留学生汉字习得总体情况存在实质相关的因素仅 2 项，按偏相关系数（Beta 值）高低排列，依次为词汇量和部首掌握情况。

与留学生汉字认读习得情况存在实质相关的因素 2 项，按偏相关系数排列，依次为口语能力（这点非常出乎我们的意料，我们将在第 4 部分中尝试进行解释）和词汇量。

与留学生汉字书写习得情况存在实质相关的因素 2 项，按偏相关系数排列，依次为读写能力和部首掌握情况。

4.4 发现、建议及研究存在的不足

结论 1:4.3.1 部分的分析显示,留学生的汉字认读习得与汉字书写习得是两个存在巨大差异的进程,两者高度相关,但前者明显优于后者。考虑到目前的大纲和实际使用的教材都没有对汉字的识、写按照不同标准来进行要求,我们可以更有把握地说:汉字的“识”“写”确实是两个有差别的进程。这或许能支持崔永华(1999)和江新(2007a)关于进行“认写分流”的汉字教学的建议。在第五章我们将进一步讨论这个问题。

结论 2:4.3.2 部分的研究显示,虽然认知心理学研究证明人们在图形的识别、摹写能力上存在先天差异,但是我们的研究并未发现其与汉字学习的成效(包括书写以及认读两个方面)具有相关关系。当然,我们考察摹写能力的方法(统计抄写错误率)比较原始,这可能会影响该项数据及其相关性结论的有效性。这一方面的研究仍需深入。

结论 3:4.3.3 部分的分析显示留学生的学习兴趣与其汉字学习的效果(无论是书写还是认读方面)并不相关。这表明两者之间或许并不存在相互促进的作用。

结论 4:4.3.3 部分的分析还显示,留学生的汉字掌握情况越好,其对汉字难学的感受就越低(反之亦然)。这可以从 Burstall(1975)关于“学生后续学习动机主要来源于其学习成效”的观点得到理论支持。汉语教师应设法利用两者之间这一相互促进的关系提高教学效果。

结论 5:4.3.4 部分的分析显示,如果把汉字的认读和书写能力作为一个整体看待,那么与其直接相关的因素,一是词汇量,二是部首掌握情况。可以这样理解,即部首是汉字的“构件”,强化部首的掌握,有助于提高汉字习得时的加工水平;而单字参与语言运用,多数情况下需要先参与构词。提高词汇习得水平,有助于提供更多的单字使用、操练机会,最终也会有益于汉字习得,反之识字量的提高也有助于掌握更多词汇。进一步讲,若保持目前读、写并进的汉字教学模式,那么要抓好汉字教学,一是要打好部首基础(这是传统的语文教学始终强调的,但在目前的很多对外汉语教材中却并没有得到体现),二是可与词汇教学尤其是组词、扩词练习同步展开,以达到“一举两得”的效果。

结论 6:4.3.4 部分的分析还显示,如果接受汉字的认读习得和书写习得

是两个不同的心理过程的观点，那么和前者密切相关的其他语言因素是词汇量和口语能力。对于词汇量我们已经在结论5中进行了解释，而对于口语能力这个指标的突出，我们认为可能是本研究采用的口语能力考核体系比较侧重表达的丰富性，而这指向的其实还是词汇量。此外，部首这个因素没有体现出跟汉字认读的实质相关，说明汉字认读能力的掌握可能并不依赖较深程度的单字加工，从整体上进行感知已可满足其要求。而汉字书写能力的具备则需要进行至少达到部件层面的深度加工，且这种能力往往是和综合的读写能力同步得到完善的。

结论7:综合结论1和结论6，我们可以考虑江新(2007a,b)提出的“口语先行，识字跟上，多认字少写字”的教学设计思想。该设计旨在分散难点，提高西方人汉语学习和汉字学习的效率。这样，就会存在一个口语与(大量)识字并行的阶段和一个集中学习汉字书写的阶段。我们的研究表明汉字认读与口语水平存在高度相关，而汉字书写与部首掌握、综合读写能力存在高度相关，从一个角度证明了这一思路的价值。但我们还是希望通过第五章的大规模数据库建设来最终检验该思路是否真正可行。

本章所作研究的不足之处在于:研究收集的是截至第9个教学周(半学期)的数据，因此只能验证在这一个静态时间点上学生汉字习得的相关因素。然而，以往的研究显示，不管采用何种教学方法，学生一般都需要一年以上的时间来获得较完善的汉字识、写能力。随着时间推移，实际的相关因素可能发生变化，这就意味着该结论可能会失之片面。更理想的做法应该是设定几个不同的时间点来收集数据，并比较其结果。如果在不同的时间点，各相关因素确实发生了变化，那么记录这种变化本身就是一项很有意义的研究，它可以展示汉字习得的渐进情景，提供更多有益的教学建议，而这恰是第五章的主要内容。

第五章　外国人汉字习得数据库的建设与分析

［本章思维导图］

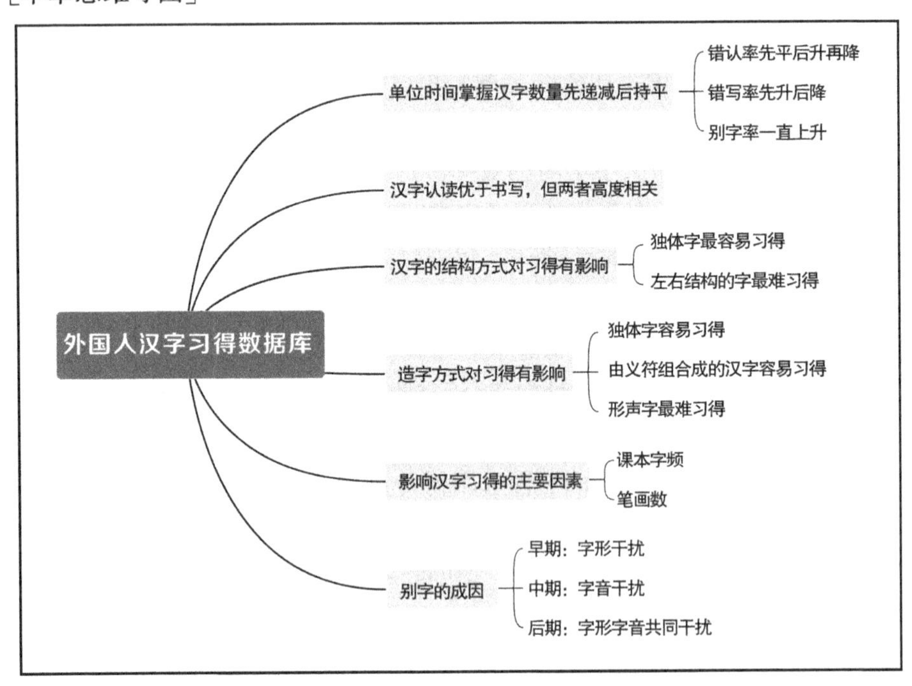

5.1　建立“外国人汉字习得数据库”的目的和意义

前面我们回顾了迄今为止学界关于外国人汉字习得的研究，也通过实验证明了外国人习得汉字的过程并不是孤立的，而是受到诸多相关因素的影响。然而，要提出对“汉字难学”的有效解决方案，现有的研究却存在几个方面的不足：其一，针对形成每个汉字学习难度的研究，采用的都是抽样（往往不超过100字）的方法，既未能覆盖全体常用字或800甲级字，也未能覆盖某一初级教材所要求掌握的全体汉字；其二，因为全体初级汉字的习得不是一蹴而就的，而是要经历一个 1 年以上的过程，在某一特定时间点切入进行的问卷式调查或许并不能代表初级学习者真实的学习情况；其三，个体学习者的汉字认读能力和书写能力未必均衡，如果学习者在其中一个方面有所欠缺，那么从中介语理论的角度审视，也应当将其归为一种独特的习得状态。现有的研究受制于任务形式，很少同时涉及这两个方面。或许正是因为这些不足，目前的汉字教学研究仍停留在反复争论"文"和"语"的教学孰先孰后等很难去验证的问题的层面，而较为扎实系统的工作，比如，在总体设计阶段制定汉字总表、汉字教学大纲及在教材编写中有意识地融入汉字教学的渐进性计划等，却仍告阙如，研究整体上缺乏突破性的进展。

为了尝试解决上述问题，我们前后花费近 4 年时间，调查收集了 30 名非汉字文化圈的零起点学习者各自在 1 年时间内，完整学习某一初级精读教材后对其中所包括的全体汉字的实际掌握情况，建立了"外国人汉字习得数据库"(下简称"数据库")，以期为广大研究者和教师提供一定的参考。

5.2 数据的收集与整理

课题组所在教学机构开设汉语长期教学班，按照国内惯例，初级班为零起点学生开设，历时 1 年，分上下两个学期，实际教学时间为 32 周，精读课总计约 256 课时。初级班采用《博雅汉语：初级起步篇》(下简称《博雅》)第 1 册和第 2 册(北京大学出版社 2005 年)为教材。该教材发行量较大，国内外使用较为广泛，具有一定的代表性。然而，就其本身的体例来看，它并没有提供一个明确的汉字教学大纲和计划，其对于汉字的要求基本上属于绝大部分精读教材所惯用的"随文识字"的方式，也就是说默认为学习者需要掌握生词表中所有新出现的汉字的读和写。然而从研究者的角度来看，这或许可以视为一个有利的因素，因为首先这是目前对外汉字教学的一种"常态"，其次这无形中排除了教材编写因素对数据普遍解释力的影响。

《博雅》第 1 册包括 30 课课文，第 2 册 25 课。我们手工统计了每一课的新出汉字，发现教材共要求掌握汉字 1048 字，因为任务设置合理性的原因剔除 3 字，实际统计的是其中的 1045 字的习得情况。从图 5-1 中我们可以看到这些新出汉字按课分布的情况。

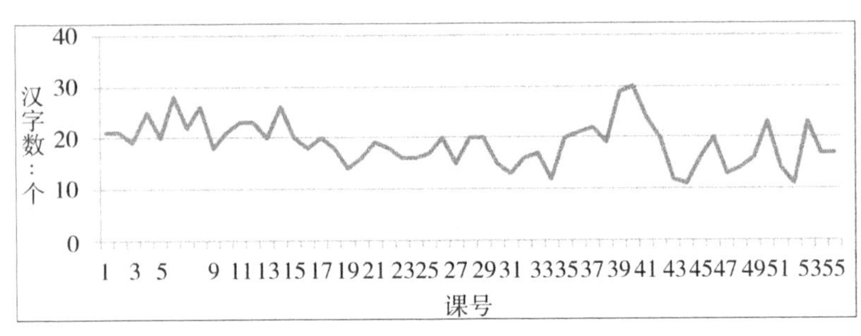

图 5-1 《博雅》每课汉字数分布

《博雅》1045 字

从数据上分析，《博雅》平均每课要求掌握 19.0 个新出汉字，最多的课要求 30 字，最少的 11 字，标准差为4.40，显示每课要求掌握的汉字数波动较大。从图形上看，则显示第 1 册上半册(1—15 课)要求掌握的汉字几乎均高于 19 字，而下半册(16—30 课)却几乎均低于平均数。第 2 册第 39、40 课为一显著波峰，要求掌握的汉字高出平均值两个标准差。应该说，这不太符合我们一般认为的循序渐进的学习规律，也许这在“随文识字”的教材设计中是难以避免的现象，下文我们也将分析这种分布状况对习得的影响。

属于常用字的 1024 字

从教材的选字情况看，使用郭曙纶(2013)提出的方法可以统计得出，《博雅》1045 字中，有 1024 字属于国家语言文字委员会 1988 年发布的 2500 常用字范围，重合率为 97.99%。而依据汉语水平考试中心编制的《汉语水平词汇与汉字等级大纲》的划分标准，则可以统计出《博雅》1045 字中汉字等级分布情况如表 5-1 所示：

表 5-1 《博雅》1045 字的等级分布

汉字等级	甲级字	乙级字	丙级字	丁级字	超纲字
数量	725	242	57	16	5
百分比	69.4%	23.1%	5.5%	1.5%	0.5%

数据显示教材所要求掌握的汉字符合“初级”这一基本标准，尤其是全部 800 个甲级字在教材中出现了 725 个。以上两种统计数据保证本研究所调查的汉字习得情况具有较大的普遍意义。

对于学习者而言，《博雅》全部汉字的习得是一个历时 1 年的过程，适合采用纵向研究，而为了结论的普适性，我们又希望数据来源于尽可能多的学习者。因此，研究采用跟踪多名个体学习者后汇总的方式展开。我们将 1 学年分为 4 个时间段，分别在第一、第二学期期中考试后、期末考试后这 4 个节点，采用纸笔测试的方式进行数据收集。每个时间节点的测试分前后两天进行，第一天请学习者当堂（署名）完成一套汉字认读卷（A 卷），测试该阶段全部汉字的认读掌握情况，第二天请学习者当堂完成一套汉字书写卷（B 卷），测试上述汉字的书写掌握情况。每次测试限时两个小时。这个时间超出绝大部分学习者实际需要的时间，同时，因为试卷的量较大，为了防止焦虑、抵触等情绪因素的影响，该测试为自愿参加，受试在参加完第 1—3 次测试的情况下，仍可退出并将其数据作废。测试人员通过事先交流告知学生该测试与学期成绩无关，但应认真完成。受试在交卷后可获得一份小礼物。

若一名受试完成整个测试过程（4 个节点共 8 套试卷[①]），则该份数据生效，登记为数据 01—30 中的一个编号。8 套试卷的代号和对应的内容如表 5-2所示：

表 5-2　8 套试卷测试内容

代号	1A	1B	2A	2B	3A	3B	4A	4B
内容	1—15 课 汉字认读	1—15 课 汉字书写	16—30 课 汉字认读	16—30 课 汉字书写	31—43 课 汉字认读	31—43 课 汉字书写	44—55 课 汉字认读	44—55 课 汉字书写
字数	333		262		255		195	

试卷体例方面，认读卷（A 卷）采用呈现单个汉字，请受试写出拼音并举一例（可以为生词、短语或句子）来说明其用法的方式。例如：

character　　pīnyīn　　word/phrase/sentence

包　　______　　____________________

在计分时，由于考察的是识字能力，我们采用了适度从宽的标准，如声母、韵母正确而声调错误，举例意义正确但例词/句中存在错别字这样的情况，也记为得分。这样，以 1A 卷为例，受试得分在0～333 分之间。同时，还记录该受试未能得分的汉字属于认读错误（如将“白”认读为“百”）还是无法认读（留空白）。

---

① 试卷见附录。

而书写卷(B卷)则采用呈现一个生词的拼音和英译,请学生写出对应汉字的方式。例如:

pīnyīn	translation	character(s)
lǎoshī	teacher	____________

由于面对的是初级阶段的学习者,词素意识不强,书写卷的设计难以采用呈现单个汉字拼音+意译后请其写出该汉字的方式。在采用按词呈现的方式时,一方面依据全书汉字统计表尽量避免任一汉字在全部书写卷中的重复出现,另一方面在记分时通过手工统计剔除重复出现的汉字错误。最后,以该卷考察汉字总数减去未得分汉字数,得到该卷得分。以1B卷为例,受试得分也在0~333分之间。同时,对于未能得分的汉字,记录其究竟属于无法书写(留空白)、错字(写成不存在的字符)还是别字(如将"体"写成"休")。

我们花费了三年多时间收集到30份完整的数据(全部来自非汉字文化圈学习者)。在手工批阅、核对后,将这30名受试的习得情况汇总输入SPSS软件,得到数据库的首批变量,包括:汉字(共1045字,即数据库包含1045项个案)、(该汉字)认读错误数、无法认读数、认读得分(=30-认读错误数-无法认读数)、空字数(无法书写)、错字数、别字数、书写得分(=30-空字数-错字数-别字数)。上述数据都是由30份完整数据中得到的,此外,对于单个汉字,可以进行多项属性的标注,这些我们将在5.3、5.4部分中具体论述。

5.3 学习者习得情况分析

5.3.1 数据分析

外国人汉字习得数据库

我们先来看看30名学习者的总体得分情况。因为以往的研究(如刘丽萍,2008)多次证实,汉字的认读和书写无论从认知心理还是从实际掌握情况来看,都差别很大,所以我们依靠研究设计(AB卷)来分别观察这两者的实际情况。

数据显示,汉字认读方面,30名学习者的平均认读得分率(百分比)随时间推移逐步下降(见图5-2),其中1A-2A及2A-3A这两组数据对比呈现显著性差异,3A-4A这组对比则未呈现显著性差异(见表5-3)。进一步分析发现,在4个时间节点上,学习者平均无法认读率呈逐步上升趋势(见图 5-3),其中 1A—2A 及 2A—3A 这两组数据对比呈现显著性差异(见表 5-4)。这个结果与前者一致。

较为有趣的是,虽然相比无法认读的字数,学习者错误认读的字数十分之少,但是错误认读率却呈现一条折线,即在时间点 1A—2A 基本持平,2A—3A上升,而 3A—4A 则下降(见图 5-4),其中 2A—3A 的数据对比呈现较显著差异(见表 5-5)。

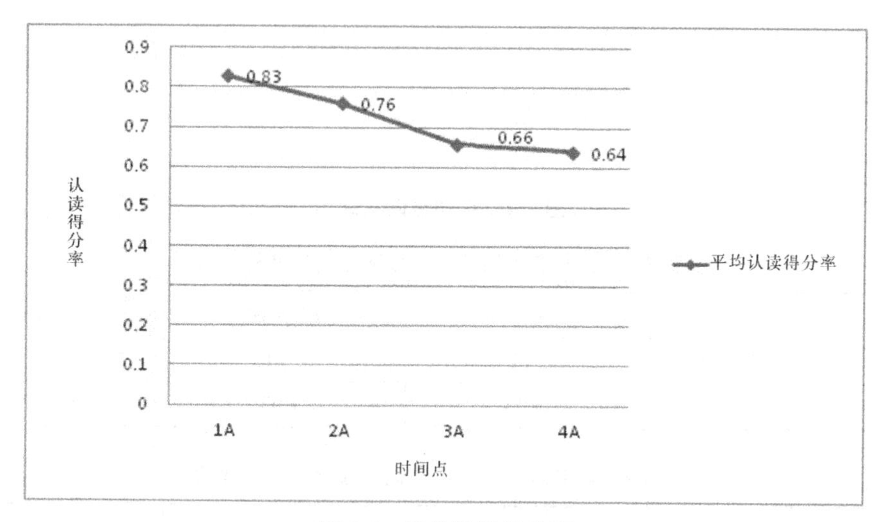

图 5-2　平均认读得分率

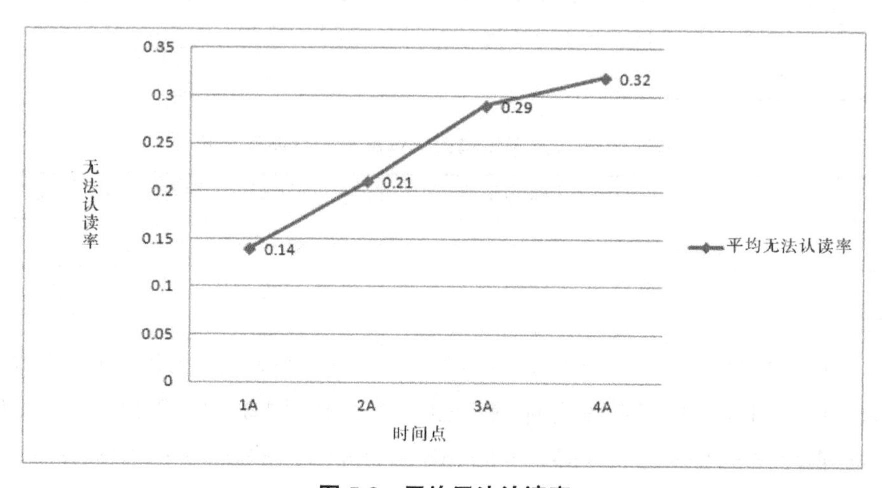

图 5-3　平均无法认读率

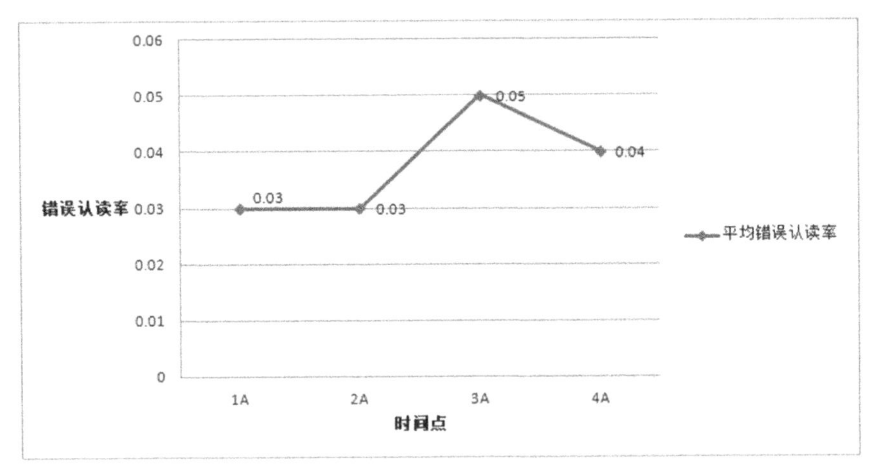

图 5-4　平均错误认读率

表 5-3　各节点平均认读得分率显著性差异检验

	1A—2A	2A—3A	3A—4A
配对 t 测试 t 值	2.711	3.003	.843
Sig.	.011	.005	.406

表 5-4　各节点平均无法认读率显著性差异检验

	1A—2A	2A—3A	3A—4A
配对 t 测试 t 值	—2.761	—2.734	—1.381
Sig.	.010	.011	.178

表 5-5　各节点平均错误认读率显著性差异检验

	1A—2A	2A—3A	3A—4A
配对 t 测试 t 值	—.892	—2.278	1.413
Sig.	.380	.030	.168

汉字书写方面，学习者的得分率同样在开始呈现下降趋势，但在节点 3 和节点 4(即学习的最后 8 周)持平(见图 5-5)，其中 1B—2B 及 2B—3B 这两组数据对比呈现显著性差异(见表 5-6)。与此一致的是，平均无法书写(空字)率在各阶段呈现先上升后持平的情况(见图 5-6 及表 5-7)。

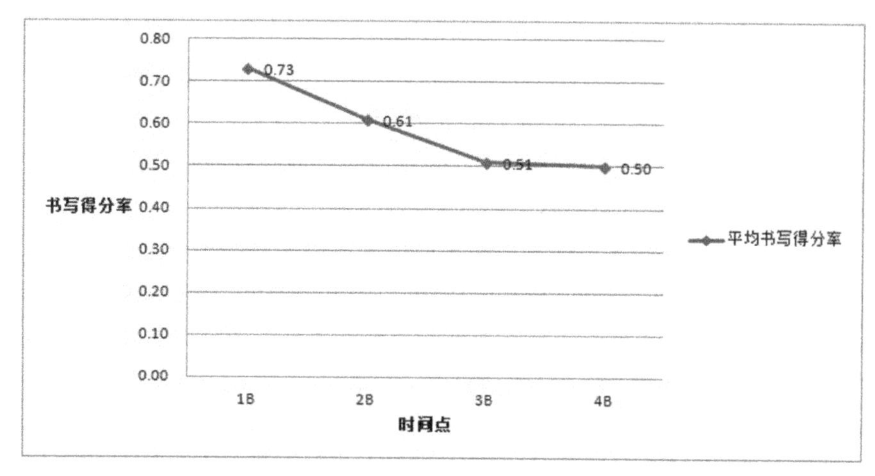

图 5-5　平均书写得分率

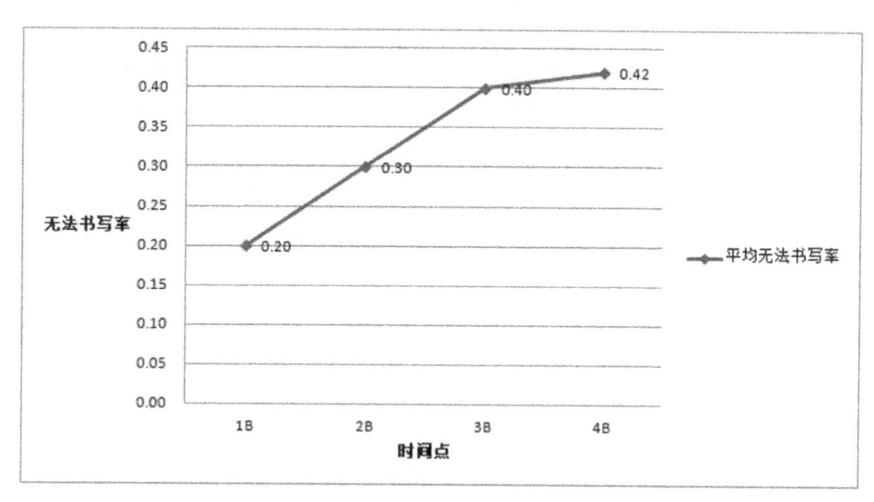

图 5-6　平均无法书写率

平均错字率和别字率的变化十分特别。江新、柳燕梅(2004)的研究发现,在书写错误中错字比别字多,但随着识字量增加,被试汉字书写中的错字错误减少,而别字错误增多。图 5-7 和图 5-8 的数据恰好证实了上述结果,我们不仅可以看到学习者的错字率在经历节点 1 到节点 2 的短暂上升后,呈现持续下降的趋势(与无法书写率趋势相反),别字率则呈一路攀升的情况,而且可以发现在学习的末期,平均别字率超过了平均错字率。这应当就是学习者“字形意识”逐步建立的真实反映。

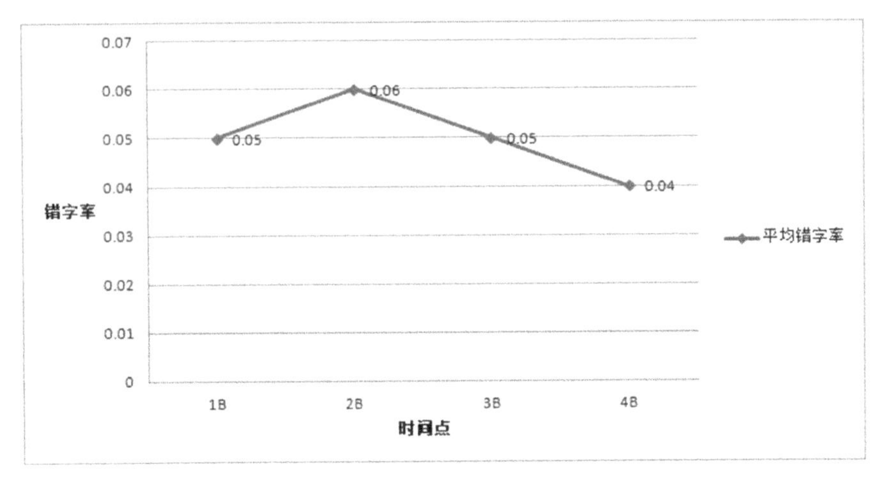

图 5-7　平均错字率

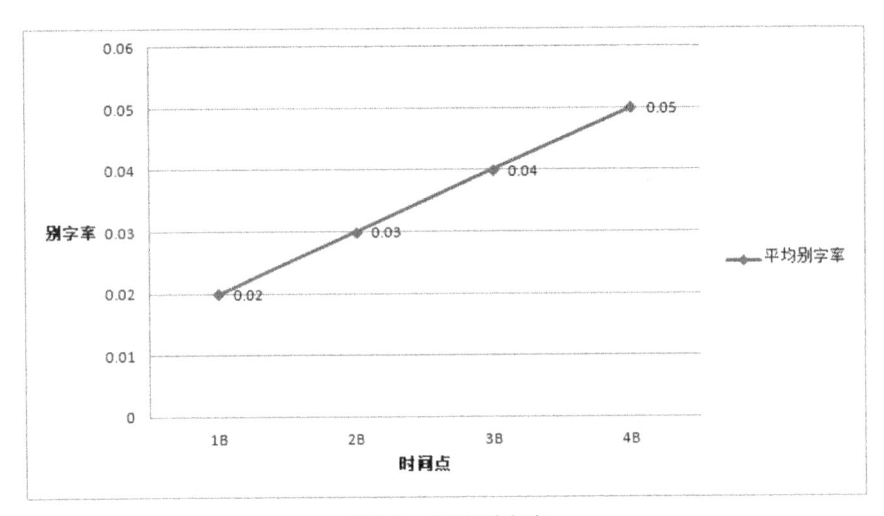

图 5-8　平均别字率

表 5-6　各节点平均书写得分率显著性差异检验

	1B—2B	2B—3B	3B—4B
配对 t 测试 t 值	3.073	2.043	.338
Sig.	.005	.050	.738

表 5-7　各节点平均无法书写率显著性差异检验

	1B—2B	2B—3B	3B—4B
配对 t 测试 t 值	−2.982	−2.090	−.555
Sig.	.006	.045	.583

表 5-8　各节点平均错字率显著性差异检验

	1B—2B	2B—3B	3B—4B
配对 t 测试 t 值	−.273	.733	2.483
Sig.	.787	.469	.019

表 5-9　各节点平均别字率显著性差异检验

	1B—2B	2B—3B	3B—4B
配对 t 测试 t 值	−1.584	−1.490	−1.096
Sig.	.124	.147	.282

比较汉字的认读和书写情况，发现二者平均得分率的变化在各时间节点上呈现同步，都是由显著降低变为渐趋平稳。书写和认读的得分率一方面在各个节点都呈现高度的相关性，另一方面认读得分始终显著高于书写得分（见图 5-9 及表 5-10），得分率差距从 10 个百分点逐渐增至 14 个百分点。值得注意的是，在学习的末期，学习者的平均书写得分率只有 50%左右。

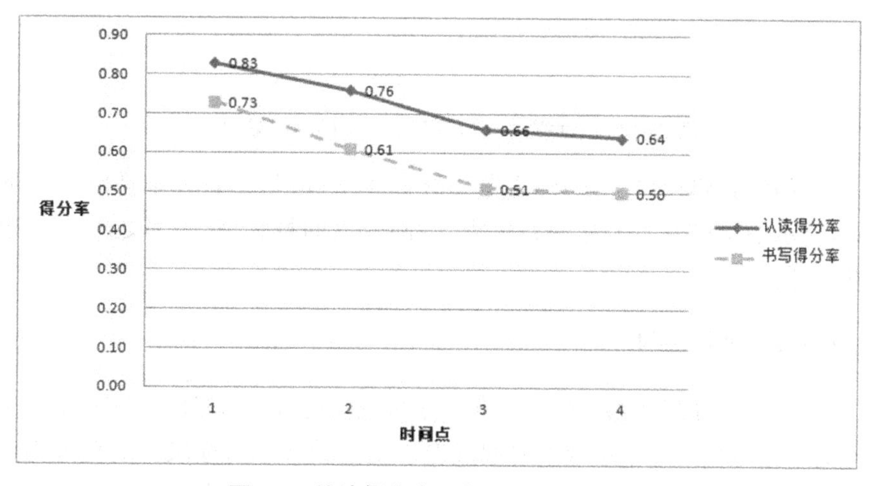

图 5-9　认读得分率和书写得分率的对比

表 5-10 认读得分率和书写得分率在各节点的相关度及显著性差异

	1A—1B	2A—2B	3A—3B	4A—4B	认读总分—书写总分
相关度	.808	.825	.941	.969	.940
Sig.（相关）	.000	.000	.000	.000	.000
配对 t 测试 t 值	3.943	5.436	6.617	7.802	8.384
Sig.（t 测试）	.000	.000	.000	.000	.000

以上的分析都是将 30 名学习者作为一个整体来看待的。那么他们之间的个体差异如何呢？4 个阶段的认读、书写得分率标准差变化情况如图 5-10 所示。

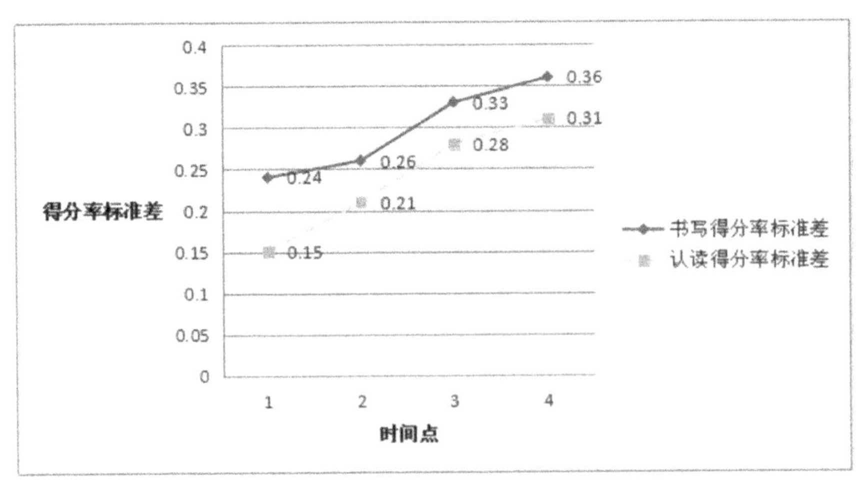

图 5-10 认读得分率和书写得分率的标准差对比

可以看到书写得分率的标准差始终高于认读，且二者都呈持续上升的趋势，显示书写得分的个体差异更大，且随着时间推移，学习者之间的差距逐渐拉开。

5.3.2 理论探讨

综合 5.3.1 部分的数据结果，我们发现总体而言学习者的汉字水平进步并不简单地体现为在单位教学时间或者一定量的教学目标汉字的范围内习得率的提高。与此相反，在前 1 个半学期（或视为前 800 字）的学习过程中，对于新出现的汉字,学习者的平均无法认读率、无法书写率都是上升的。或许可以理解为,随着学习者已掌握汉字总量的不断增加,及其对于记忆资源的占用,要求学习者在同样的单位时间内持续掌握相同数量的新出汉字会变得越来越难。而在学习约 24 周(或学习 800 个汉字)之后,这种下降的趋势消失,而代之为在较低习得率上的持平状态。由于我们的研究截止于 32 周/1045 汉字的状态,之后这种状态是否会持续至 2 学年/2000 字以上(我们认为这是成功学习者才能达到的阶段)尚未可知。但是可以合理推断的是,在学习时间接近 1 学年且学习汉字超过 800 字后,学习者的综合语言能力、汉字字形意识都渐趋成熟,对于新出汉字(或许也包括其他语言要素)的掌握途径开始由主要依靠(精读)课堂转为更广泛的来源。

我们大胆假设汉字习得也存在一个"中介"状态,因为利用 5.3.1 部分分析的汉字偏误种类可以得到更多启示。认读方面,虽然平均无法认读率呈一路上升的趋势,但是错误认读率在 1A－2A、2A－3A、3A－4A 这 3 个阶段中却出现平一升一降的变化。如果说第二阶段是因为已学字总量的增加而引起混淆的话,那么第三阶段的这种变化则体现了汉字识别能力的提高。这恰与整体得分率的变化相吻合。书写方面,平均错字率与平均无法书写率的趋势不同,它在前期上升,而在后期下降,显示整体书写能力的进步,而平均无法书写率却一路上升,甚至在最后一个阶段仍呈现明显的上升趋势。我们由此进一步提出,在汉字中介状态的"连续统"上,错误认读/错字较之无法认读/无法书写是更接近于习得的状态,而别字较之错字则是更接近于习得的状态。江新、柳燕梅(2004)提出的音同别字和形近别字出现的先后关系也可纳入这个体系,我们将在 5.4 部分中进一步分析。

5.3.1 部分的数据同样证实对于同一学习者而言,汉字书写的水平与认读的掌握密不可分,但在同一时间点上几乎肯定会低于前者。或许可以推断为汉字书写能力的掌握晚于认读。本书第四章在极小样本(50 字)的研究中发现汉字认读掌握率低于书写掌握率约 28 个百分点,而本研究采用大样本(1045)之后发现实际差距在 10～15 个百分点。随着时间的推移,读写之间的得分差似乎有略微扩大的趋势,这也可能与学习途径由课堂转为课内外相结合,而自然环境中的汉字习得更偏向于认读有关。

最后,学习者之间不同的发展趋势随时间推移逐步显现。平均得分率标准差的逐步扩大说明成功学习者的进步速度要快于另一部分的学习者,而后者的习得进程可能会停滞于某一阶段(随着学习汉语时间的增加,掌握汉字量将不再会有显著增加)。这一变化趋势在书写领域比认读领域更为明显。或许我们可以将其视为汉字习得过程中的"化石化"现象。

5.4 汉字习得情况分析

5.4.1 数据分析

对于数据库中的每一个汉字,除了第二、三部分提到的各种得分情况外,我们还可以标注出多种属性。其中第一大类是汉字的普遍属性,包括拼音、声调、笔画数、自然字频、是否左右对称、结构方式、造字方式、汉字等级等多项。第二大类是与受试实际参与的教学过程有关的汉字属性,包括课号(作为连续变量,可表示该汉字出现时所处的学习阶段)、全书字频、生词总表字频(可以代表该字在全书中的构词能力)以及该字所在课的新出汉字总数(第二部分已统计)。

我们首先利用得分和课号都是连续变量的特性来检验第三部分的一些数据结果。分别对《博雅》全部1045字的课号—认读得分、课号—书写得分、课号—无法认读数、课号—错误认读数、课号—空字数、课号—错字数、课号—别字数进行二变量相关分析,结果如表5-11所示:

表5-11 汉字课号(在课本中出现的先后顺序)与各类得分的二变量相关分析

成对变量	相关度	Sig.(双侧)
课号—认读得分	—.379**	.000
课号—书写得分	—.262**	.000
课号—无法认读数	.365**	.000
课号—错误认读数	.119**	.000
课号—空字数	.354**	.000
课号—错字数	—.222**	.000
课号—别字数	.001	.963

与第三部分的发现一致的是,单个汉字的认读和书写得分(0~30之间)随出现时间的推移都呈明显的下降趋势。与之相应,无法认读数、错误认读数和无法书写(空字)数(0~30之间)随时间推移都显著上升。比第三部分显示得更清晰的一点是错误书写数随时间的推进出现明显的下降。别字数

与该字在教学中出现的早晚没有关联。这些数字再次支持我们在 5.3.2 部分提出的中介状态“连续统”观点。

因为担心测试的形式特点(在 15、30、43、55 课上完之后立即测试前一阶段的习得情况)会影响信度(是否在离测试点较近的时间点学习的汉字会取得更好的习得效果),我们又补充进行了一组相关测试,即每一阶段的认读/书写得分与到测试点距离(以第一阶段为例,该数值＝15－课号)的二变量相关分析,结果如表 5-12 所示:

表 5-12　每一阶段的认读/书写得分与到测试点距离的二变量相关分析

	第一阶段认读	第二阶段认读	第三阶段认读	第四阶段认读	第一阶段书写	第二阶段书写	第三阶段书写	第四阶段书写
相关度	.470**	.398**	.276**	.208**	.426**	.354**	.215**	.233**
Sig.(双侧)	.000	.000	.000	.004	.000	.000	.001	.001

结果只是再次证实了认读/书写得分随时间推进逐步下降的结论,并没有发现离测试时间较近时进行教学的汉字取得了更好的习得效果。

回头来看汉字的整体得分情况。全体 1045 汉字的平均认读/书写得分率及标准差情况如表 5-13 所示:

表 5-13　全体 1045 汉字认读/书写的平均得分率/标准差

	认读平均分	书写平均分
平均分(满分 30 分)	22.20	18.82
得分率	74.0%	62.7%
标准差	5.59	6.07

习得总分(认读＋书写)最高的 20 字如表 5-14 所示:

表 5-14　习得总分最高的 20 字

汉字	两	不	我	人	一	在	去	二	六	七	三	月	叫	妈	你	多	安	雨	日	八
错数	0	0	0	0	0	0	0	0	0	0	0	0	0	0	0	0	0	1	1	1

由于在研究设计时区分了 5 种错误类型,即:无法认读、认读错误、无法书写、错字、别字,我们也可以先分别列出这 5 大类中错误率最高的 20 字(错误数区间为 0～30),如表 5-15、5-16、5-17、5-18、5-19 所示。

表 5-15　无法认读数最高的 20 字

汉字	糟	谦	虚	铺	悉	标	解	迹	捎	质	裹	迅	确	故	幼	晨	戏	雄	肃	壮
错数	24	23	23	22	21	20	20	19	19	19	19	19	19	19	18	18	18	18	18	18

表 5-16　错误认读数最高的 20 字

汉字	绍	直	效	批	士	环	序	实	续	止	验	较	李	活	阴	各	持	积	抓	居
错数	9	7	6	6	6	6	5	5	5	5	5	5	5	5	5	5	5	4	4	4

表 5-17　无法书写数最高的 20 字

汉字	糟	劲	虚	熟	解	谦	确	顺	展	聚	铺	悉	峰	尾	喂	编	掌	隔	宴	壁
错数	25	24	24	23	23	22	21	21	21	21	21	21	21	21	20	20	20	20	20	20

表 5-18　书写错字数最高的 20 字

汉字	懒	瓶	院	封	题	旁	逛	醉	度	游	酸	馅	新	种	套	狗	烧	骑	破	热
错数	14	11	9	9	9	9	8	8	7	7	7	7	7	7	7	7	6	6	6	6

表 5-19　书写别字数最高的 20 字

汉字	清	体	种	回	困	稍	胜	手	事	傅	倒	稀	终	院	愿	停	画	问	换	间
错数	10	10	8	8	7	7	7	7	6	6	6	6	6	5	5	5	5	5	5	5

对于这些汉字,若仅依靠直接观察的方法,我们也能发现一些共同的特征。比如,我们可以看到,习得总分高的汉字不仅普遍笔画数较少,结构简单,而且似乎使用的频率都很高。无法认读数高的汉字和无法书写数高的汉字有一部分是重合的,它们都具有笔画数多、结构较为复杂的特点。错误认读数高的汉字多数在去除、加上或者改动某一部首的情况下能写成另一汉字(如"直—真""士—土""积—和"三字),而错字数高的汉字似乎都是左右不对称的。别字数高的汉字似乎都在音或形中的一个方面能找到相近的其他字。然而,我们有理由怀疑诸如"频率""出现先后"这样的因素也会导致这些错误的产生,因此,有必要引入更全面的方差分析和回归分析来一窥其真相。

在数据库中,可作为因变量进行研究的数据项有 8 项,分别为:无法认读数、认读错误数、认读得分、错字数、别字数、无法书写数、书写得分以及习得总分(=认读得分+书写得分)。除最后一项的数值范围为 0～60 以外,其余皆为 0～30。

作为自变量引入的数据项分3类，其一是分类变量，我们设计的有是否左右对称[艾伟(1949)曾提出，左右对称的汉字较之不对称的汉字更容易学习]、汉字的结构方式[苏培成(2001)在分析多种结构分类方式时较为推崇张普(1984)的分类，即上下、左右、包围、独体、框架5种，认为较为简明，我们也采取这一分类。但在实际统计中，发现“框架”结构的字数仅5字，为了统计方便我们将其归入“独体”结构]、造字方式[钱乃荣(1990)划分的独体、义符＋义符、义符＋音符、音符＋记号、义符＋记号、记号＋记号6大类的划分较为科学，在此采用之]3种。

其二是等秩变量1种，即旧版HSK大纲所规定的甲乙丙丁4级汉字，与超纲字合在一起后，标记为1—5共5个等级。

其三是连续变量，包括笔画数、自然字频(采用北京大学CCL语料库提供的数据)、全书(文本＋练习题)字频[采用郭曙纶(2011,2013)提供的方法统计]、生词表字频(统计方法同上，这基本上可以代表该汉字在所用教材中的构词能力)、汉字的课号(代表在教材中出现阶段的早晚)以及该汉字出现那一课的总新出汉字数(我们想考察是否在一课课文内要求掌握汉字过多会影响其习得，第二部分已统计出该值的区间为11～30)共6项。

由于3种分类自变量都和汉字的字形有关，我们就先分别对其进行单因素方差分析，以观察其对汉字习得情况的影响。

表5-20　字形是否左右对称对于习得情况影响的单因素方差分析

	F值	显著性(Sig.)	不对称均值	对称均值
认读得分	39.153	.000	21.72	24.57
书写得分	38.380	.000	18.31	21.37
习得总分	44.690	.000	40.04	45.94

表5-20的数据显示左右对称的汉字，无论读还是写，习得情况都明显好于左右不对称的汉字。

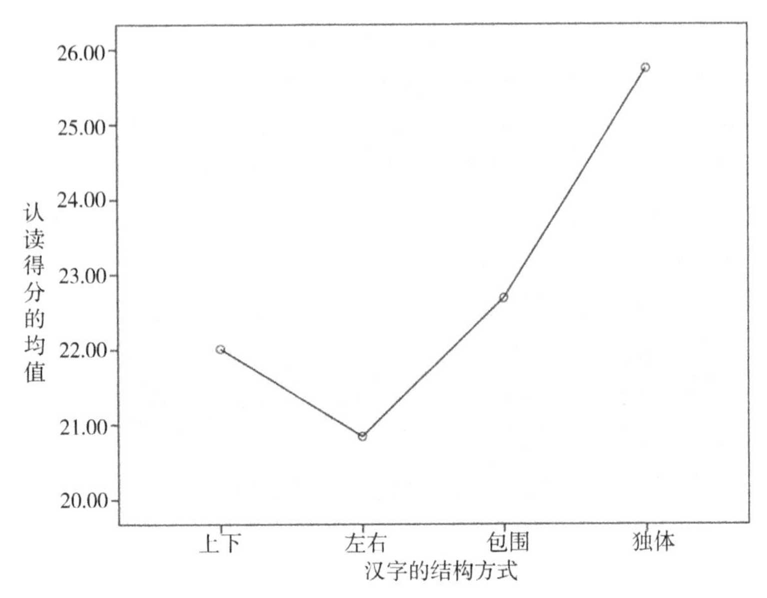

图 5-11　4 种结构方式对认读得分的影响

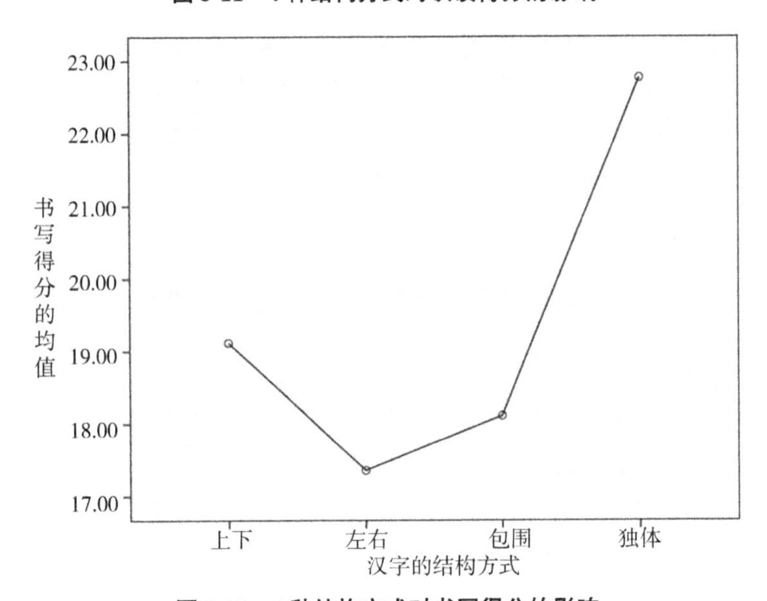

图 5-12　4 种结构方式对书写得分的影响

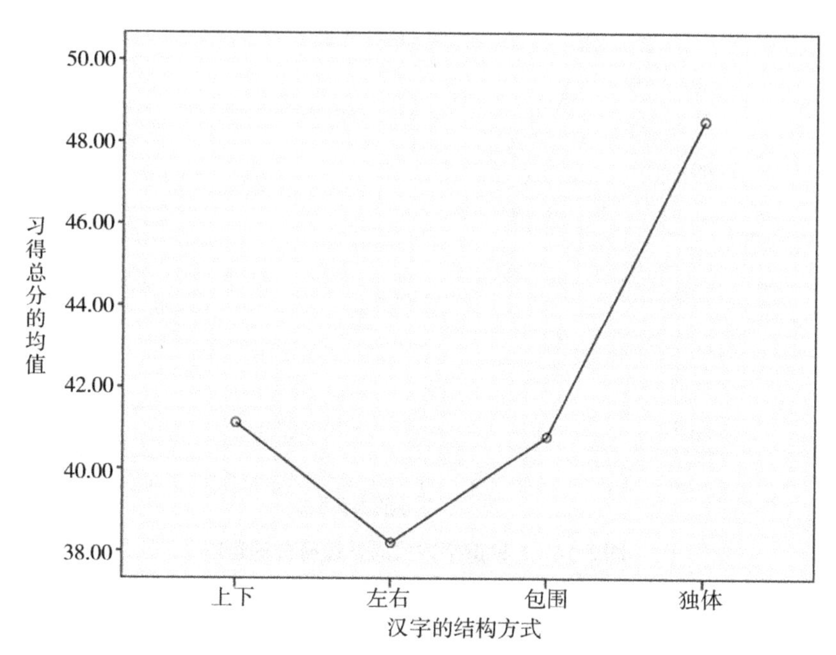

图 5-13　4 种结构方式对习得总分的影响

表 5-21　汉字结构方式对习得情况影响的单因素方差分析

	组间 F 值	显著性(Sig.)
认读得分	41.047	.000
书写得分	43.077	.000
习得总分	48.418	.000

图 5-13 的数据显示不同结构方式对汉字的习得影响很大，最容易习得的为独体字，错误率最高的则始终是左右结构的汉字。值得注意的是左右结构的汉字在全体汉字中的比重大约是一半。

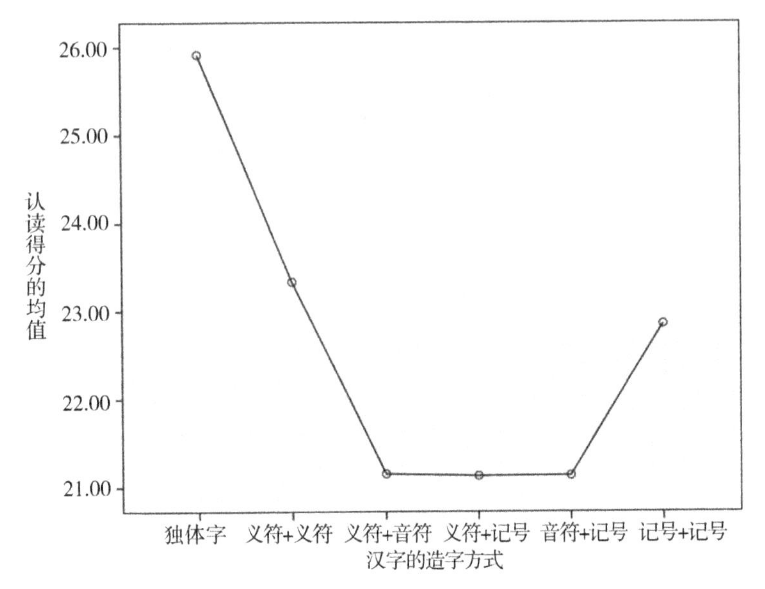

图 5-14 6 种造字方式对认读得分的影响

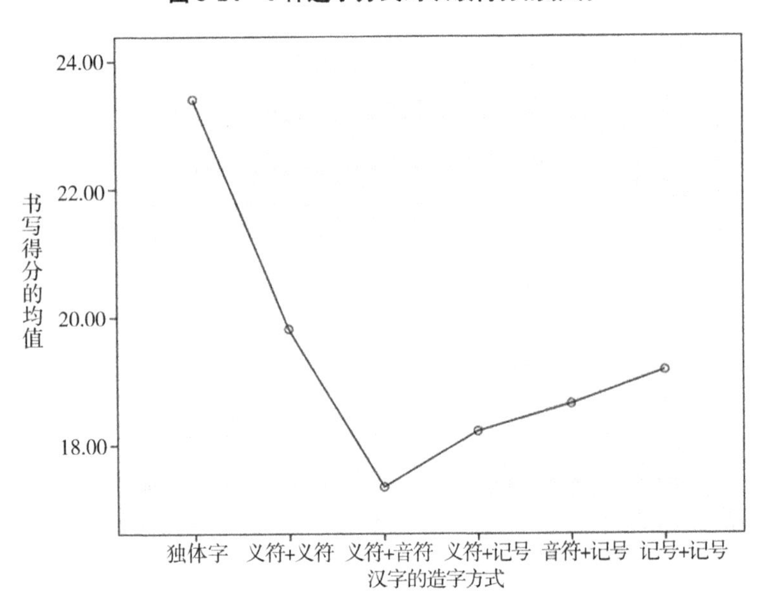

图 5-15 6 种造字方式对书写得分的影响

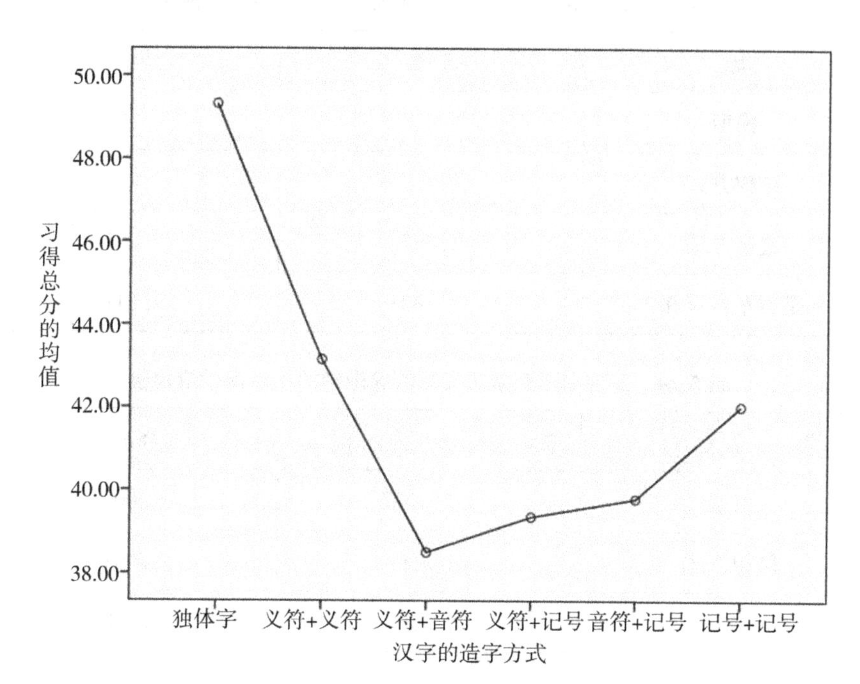

图 5-16　6 种造字方式对习得总分的影响

表 5-22　汉字造字方式对习得情况影响的单因素方差分析

	组间 F 值	显著性(Sig.)
认读得分	20.031	.000
书写得分	25.019	.000
习得总分	25.886	.000

图 5-14、图 5-15 和图 5-16 的数据显示不同的造字方式对汉字习得也有着很大影响，习得情况最好的是独体字，“义符＋义符”和“记号＋记号”的汉字习得情况也相对较佳。得分最低的始终是在现代汉字中占绝大多数的形声字。

现将是否左右对称、结构方式、造字方式三个要素进行正交设计，检验其对习得的影响，结果如表 5-23、表 5-24、表 5-25 所示：

表 5-23 三种字形要素对认读情况影响的主体间效应检验

源	F 值	Sig.
模型	1866.672	.000
结构方式	8.778	.000
造字方式	1.967	.081
是否左右对称	4.183	.041

表 5-24 三种字形要素对书写情况影响的主体间效应检验

源	F 值	Sig.
模型	1156.337	.000
结构方式	4.918	.002
造字方式	2.965	.012
是否左右对称	2.164	.142

表 5-25 三种字形要素对总体习得情况影响的主体间效应检验

源	F 值	Sig.
模型	1720.879	.000
结构方式	7.124	.000
造字方式	2.410	.035
是否左右对称	3.559	.060

数据证明在同时考虑这些因素的情况下，汉字的结构方式始终对习得情况起到最大的影响；是否左右对称在一定程度上影响汉字的认读，而较少影响其书写；造字方式不同对于汉字的书写有一定影响，而对认读没有太大影响。

接下来将汉字的习得总分作为因变量，与上面提到的 6 项连续变量及 1 项等秩变量进行二变量相关分析，得到如表 5-26 所示的矩阵：

表 5-26 汉字习得总分与多项变量的相关矩阵

	习得总分	课号	笔画数	生词表字频	全书字频	自然字频	汉字等级	所在课汉字数
习得总分	1							
课号	—.341**	1						
笔画数	—.403**	.210**	1					
生词表字频	.304**	—.453**	—.262**	1				
全书字频	.378**	—.403**	—.230**	.540**	1			
自然字频	.278**	—.277**	—.236**	.470**	.773**	1		
汉字等级	—.422**	.361**	.157**	—.263**	—.195**	—.200**	1	
所在课汉字数	.003	—.283**	—.058	.141**	.136**	.059	—.047	1

**.在.01 水平(双侧)上显著相关。

可以看到单个汉字的习得与教学进程推进、该汉字笔画数、该汉字等级呈显著负相关，而与全书字频、自然字频以及生词表字频(教材中的构词能力)呈显著正相关；与所在课的新出汉字数的多少没有相关性。我们同样注意到被考察的自变量之间也存在很多显著相关性。

对于认读得分、书写得分、错误认读数、(书写)错字数、别字数这 5 项具有考察意义的因变量，我们只需要列出它们与各项自变量的相关性即可(如表 5-27 所示)。

表 5-27　认读得分、书写得分、错误认读数、错字数、别字数与多项自变量的相关性

	认读得分	书写得分	错误认读数	错字数	别字数
课号	—.379**	—.262**	.119**	—.222**	.001
笔画数	—.346**	—.404**	.005	.258**	—.008
生词表字频	.365**	.209**	—.116**	.040	.018
全书字频	.372**	.337**	—.147**	—.077 *	—.036
自然字频	.289**	.231**	—.100**	—.074 *	.001
汉字等级	—.457**	—.335**	.062 *	—.045	—.040
所在课汉字数	.019	—.012	—.063 *	.034	—.020

**.在.01 水平(双侧)上显著相关。

*.在.05 水平(双侧)上显著相关。

结果发现，认读、书写的整体情况与除所在课汉字数多少以外的所有变量均呈显著相关。错误认读数与笔画数多少无相关性，也就是说笔画数多的汉字和笔画数少的汉字都可能被认读为其他汉字。写错的汉字较少受字频的影响，尤其是汉字在教材中构词能力弱并不增加其被写错的可能性，相反笔画多是使其被写错的主因。最为特别的是别字的情况。我们发现别字数不与我们列举的任何一项连续/等秩变量呈显著相关，其成因恐怕要从字形结构及其他方面去加以分析。

由于习得情况与多项自变量都有相关性，因此我们进一步通过多元回归分析来观察真正制约着汉字习得的因素。以总体得分、认读得分、书写得分、错误认读数、错字数、别字数分别作为因变量进行回归分析后，得到 6 张回归系数表，这里仅通过表 5-28 展示因变量为习得总分的一张：

表 5-28　因变量为习得总分的回归系数表

模型		非标准化系数		标准系数	t	Sig.
		B	标准误差	Beta		
1	（常量）	61.868	1.773		34.890	.000
	课号	−.068	.021	−.101	−3.297	.001
	笔画数	−1.027	.091	−.295	−11.345	.000
	生词表字频	.001	.139	.000	.005	.996
	全书字频	.028	.004	.315	7.482	.000
	自然字频	−0.0039	.000	−.119	−3.012	.003
	汉字等级	−4.704	.414	−.306	−11.374	.000
	所在课汉字数	−.227	.063	−.093	−3.592	.000

数据显示排除“生词表字频”这一项自变量，可见单个汉字构词能力的强弱并不影响总体汉字习得的情况。根据 Beta 值，3 项影响最大的因素依次为全书字频、汉字等级和笔画数。

采用同样的方法，若以汉字认读得分作为因变量，排除的自变量是自然字频，3 项影响最大的因素依次是汉字等级（负相关）、全书字频、笔画数（负相关）。

以汉字书写得分为因变量，显示接纳全部自变量，3 项影响最大的因素依次是全书字频、笔画数（负相关）、汉字等级（负相关）。

以错误认读数为因变量，显示仅两项自变量对其产生影响，依次为全书字频（负相关）和课号。这说明学习者把汉字错认为他字的原因一是该字的复现率低，二是掌握汉字总量的日渐增多。

以书写错字数为因变量，显示有 3 项自变量对其产生影响，依次为课号（负相关）、笔画数和全书字频（负相关）。这说明笔画多、复现率低的汉字容易写错，尤以前者的影响为大，但随着学习进程的推进，写错字的情况急剧减少。

以书写别字数为因变量，没有发现任何对其产生影响的变量，这与前面的结论一致。

最后我们来分析一下造成别字的因素。字形方面，我们先研究结构方式、造字方式、是否左右对称这三个因素对别字产生的单独和交互影响。

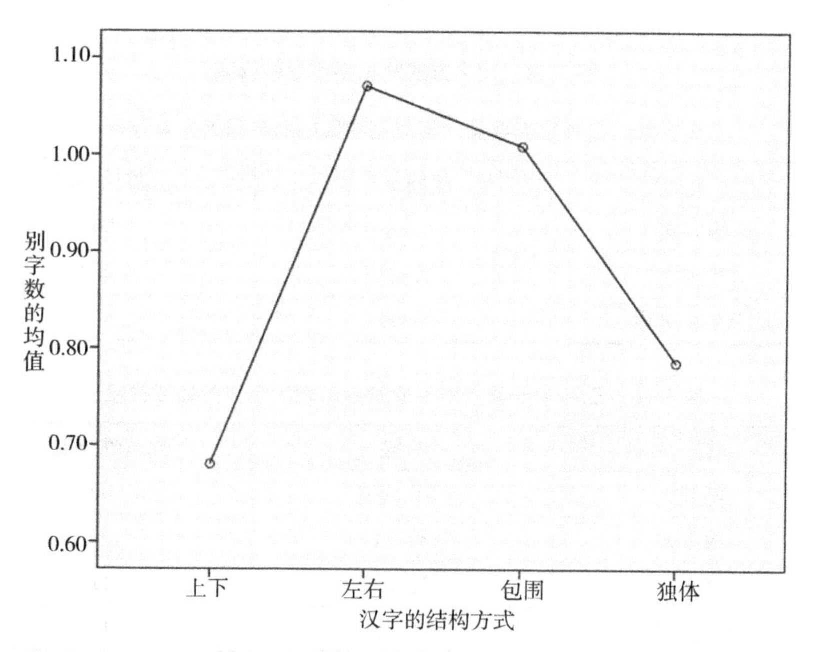

图 5-17　结构方式对别字产生的影响

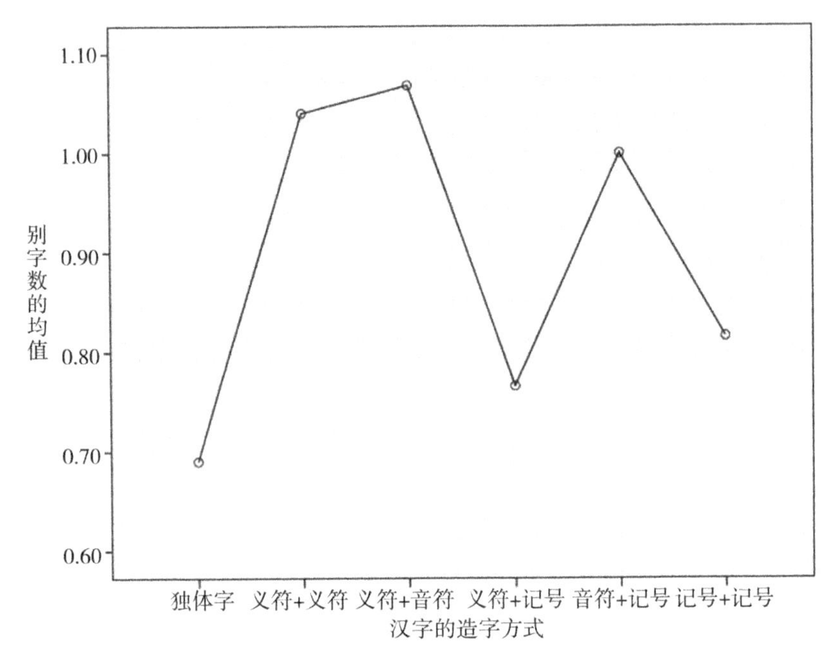

图 5-18　造字方式对别字产生的影响

表 5-29　三种字形要素对形成别字影响的单因素方差分析

	组间 F 值	显著性(Sig.)
结构方式	5.284	.001
造字方式	2.649	.022
是否左右对称	.330	.566

表 5-30　三种字形要素对形成别字影响的主体间效应检验

源	F 值	显著性(Sig.)
模型	51.963	.000
结构方式	3.851	.009
造字方式	1.557	.170
是否左右对称	2.253	.134

数据显示结构方式和造字方式的不同都对别字的形成有着影响。左右结构和包围结构的汉字容易被学习者写成别字，义符＋义符、义符＋音符以及音符＋记号的汉字比其他造字法的汉字更易被写成别字，是否对称对别字形成的多寡并无影响。当这三种因素彼此交互时，唯有结构方式显示较

强的主效应。

那么影响别字形成的是否还有其他原因呢？我们针对数据库中别字数>=2的总共238个汉字，通过查阅原始数据来源即书写卷1B—4B来归纳分析其最可能的成因。在分析中发现，对于同一正字，别字的形式或是全都一样（学习者普遍误写成同一汉字），或是属于同一类型（如“晴”被写成“清”或“请”），因此，对于每一个正字，我们只需标注一项别字类型即可。根据这个原则，我们发现并整理了4种别字类型：字形相近造成的别字（如“体”被误写为“休”）、字形相近且字音相近而造成的别字（如“请”被误写为“情”或“青”）、字音相近而造成的别字（如“回”被误写为“会”）、在复合词中临近或者本身同义的语素被混淆而形成的别字（如“画”被误写为“图”）。我们用2种方法统计其比重，其一为直接统计每类汉字的个数，其二为将每类中的每个别字乘以出现次数后累加得到该类别字的总数，结果如表5-31所示：

表5-31　4类别字的数量及占比

	形近别字	形近＋音近别字	音近别字	语素混淆	总数
方法一（别字个数/百分比）	50（21.01%）	87（36.55%）	91（38.24%）	10（4.20%）	238（100%）
方法二（别字总字数/百分比）	147（20.85%）	269（38.16%）	262（37.16%）	27（3.83%）	705（100%）

可以看到无论用哪种方法，4类别字的比例是基本一致的，形近＋音近别字和音近别字居多，形近别字占比较少，而语素混淆类的别字只占很小的部分。那么随着学习进程的推进，字形、字音这两大要素对别字的影响是否会产生变化呢？我们尝试将课号作为因变量，对别字类型进行单因素方差分析，得到了如表5-32所示的结果：

表5-32　别字类型对课号影响的单因素方差分析

	组间F值	显著性(Sig.)
课号	3.852	.010

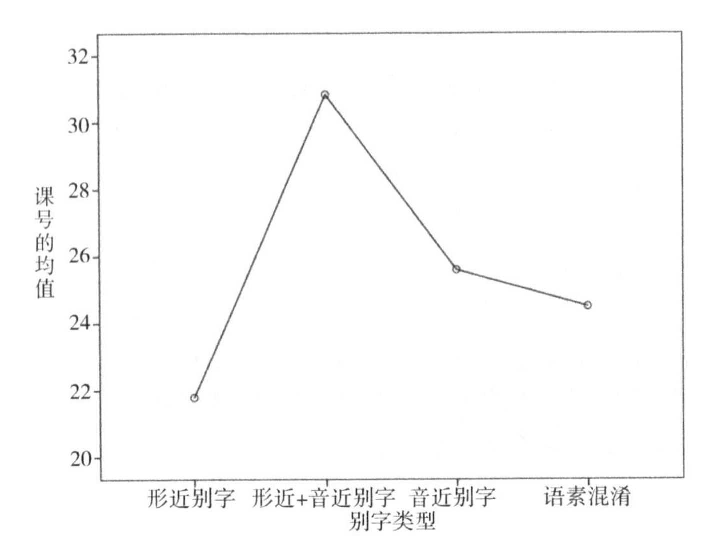

图 5-19　4 类别字的课号均值

数据显示不同类型别字的课号有较为显著的差异。形近别字容易产生在较早的学习阶段，形近＋音近的别字多产生在相对较晚的阶段，而纯音近及语素混淆的别字平均课号居中，或者可以认为它们较均衡地分布在整个学习过程中。

5.4.2　理论探讨

综合 5.4.1 部分的数据结果，我们再次证实汉字的习得进程是一个总量增加而增速减缓的过程。字形方面，汉字的结构方式对其习得有最大的影响，独体字相对容易习得，而数量众多的左右结构汉字最难习得。（现代汉字学划分的）不同造字方式对于汉字的书写有一定影响，独体字及由义符组合而成的汉字可能因为有较强的理据性，所以较容易习得，而数量最多的形声字最难习得，这可能是因为其义符理据的弱化（只表义类）。左右对称的汉字比较容易认读。

汉字的认读和书写能力习得随着识字量的增加，提高渐趋困难。影响认读能力习得和书写能力习得的因素并没有太大差异，课本字频的效应是最为明显的，提示我们要强调而不是弱化目标汉字的复现率；第二明显的因素是笔画数，因此对于笔画数多的汉字有必要进行强化教学。相对而言，汉字的构词能力、自然（在母语环境中的）字频对习得效果的影响较弱。HSK大纲所划分的汉字等级是一个预测汉字习得难度的有效指标，但是考虑到其设计与课本字频有着天然的高度相关性，且甲级字总量高达800字，是数据库调查汉字的主体，因此或许它的指导作用并不如想象的那么大。由于所在课汉字数量过多会对习得产生一定的负面影响，且考虑到学习者掌握汉字的增量随时间递减的情况，初级精读教材在较晚的阶段(如第二学期)可考虑将每课要求掌握的新出汉字数量适度减少。

我们将汉字习得视作一个渐进的过程，将错误认读的汉字、书写错字和别字视作学习进程中的积极因素。对于别字的单独研究发现其成因由字形因素为主逐渐转向字音为主，而最终转为音一形共同的作用，显示非汉字圈学习者对于汉字这一独特的文字体系所具有的“音形义”一体的特性的逐步认识。

5.5 结论与启示

微观层面，数据库提示了一系列影响汉字认读和书写习得情况的因素。这些因素多数都曾被前人发现，我们只是在较大的样本容量上进行了验证，唯一较新的发现可能是别字的成因。比重极大的一类别字与其正字之间，不仅有着字形上的相似，也有语音上的关联。考虑到形声字的构成特点，这实际上说明在教学中需要格外注意辨别声符相同而义符不同的汉字。通过强调义符与意义的关联性应该可以有效解决这个问题，然而大量的形声字存在着义符表意性弱化的状况，这对教学是个较大的挑战。

我们认为用数据库进行研究的主要价值在于宏观的层面。当把诸多的影响因素以及在各个时间点上的各项得分情况放在一起之后，我们发现汉字习得是一个随时间推进总量递增而增幅减小的过程。目前距离Selinker(1972)首次提出“中介语”的概念已有四十多年的时间，然而我们很少意识到汉字这一复杂的系统对于学习者来说，很可能也存在着一个“中介状态”。错别字尤其是别字的出现是学习进展的阶段性标志，完全应该以积极的眼光去看待。在此过程中，汉字认读的习得情况虽优于书写，但两者显著相关，且彼此之间的得分差并没有想象的那么大。这样看来，将“读”和“写”的教学完全分开或许并不是一个最优的选择。而口语先行、集中识字的教学方案一方面可以利用“学习早期单位时间汉字习得率高”的优势，另一方面却面临单位时间学习汉字数过多对于习得效果有负面影响的拖累，开展起来可能会存在一定困难。这样，对于第四章提到的“认写分开”与“口语先行、读写跟上”这两条教学思路，我们难以继续认同。

从《博雅》教学的实践来看，在较早阶段要求掌握的汉字更多，汉字掌握率反而更高，这提示我们对汉字教学进行总体规划的原则应该是“在更早的阶段安排更重要的汉字”。目前，掌握自然字频的统计数据非常容易，而研究发现真正制约习得效果的是课本复现率。如果前者能代表汉字在教学体系中应该具有的“重要性”，那么在教材设计时就应努力克服初级口语语体与实际书面语语体中汉字频率的差异性，或者说尽量将自然字频高的汉字安排在较早的时间点，以较高的频率出现。

最后，本章的研究公开了一些可供分析的原始数据，不仅数据容量可以由其他研究者进一步扩充（尤其是其他使用《博雅》的单位），而且理论方面的分析也未必成熟，数据也许可以从完全不同的方向进行解读。此外，如果数据的确具备一定信度的话，一些更具实用价值的工作也能够就此开展。比如，根据表5-28所呈现的回归分析，可以对每个汉字的习得难度（等级）进行量化预测，直至构拟出全体常用汉字的习得难度排序表。在下一章，我们将着力于这项工作。

第六章　外国人习得汉字的难度等级

[本章思维导图]

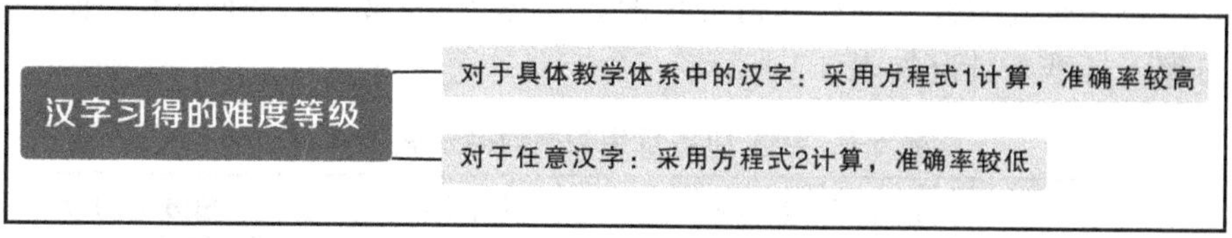

汉字习得的难度等级
- 对于具体教学体系中的汉字：采用方程式1计算，准确率较高
- 对于任意汉字：采用方程式2计算，准确率较低

6.1　研究汉字习得难度等级的意义

在第五章，我们介绍了“外国人汉字习得数据库”的建设情况。利用这个数据库，我们可以对《博雅》所用 1045 个汉字的习得情况进行全面的把握，也可以由此测算出汉字自身的各类属性对外国人习得情况的影响及各自权重。然而，要将此研究结果应用于教学领域，我们需要将对外汉语教学可能涉及的所有常用字的习得难度进行测定和排序。这样，我们将来才能编制出更合理的对外汉字教学字表、大纲以及教材。

学界有不少与之相关的研究。比如，陈仁凤、陈阿宝(1998)统计了一千个使用频率最高的汉字，并从字形、字音、字义几个角度进行了分析。易洪川等(1998)提出根据字度原则、代表字原则、自释原则、经济原则来确定字数在 1300 字左右的基本字表。邢红兵(2005)对《(汉语水平)汉字等级大纲》中的 2905 个汉字全部进行了拆分，建立了“等级汉字拆分数据库”和“等级汉字基础部件数据库”，在此基础上进行了统计。邢红兵、舒华(2004)的研究则聚焦于形声字，从“表音度”“表义度”等方面对其习得难度划分了等级。这些研究都隐含着对于不同汉字习得难度的界定。然而，这些界定基本都是依靠研究者主观认定的标准，完全从汉字本身特点(如字频、笔画数、结构方式等)出发推断的，缺少实际习得结果的支持；而现有的汉字习得实验研究，往往又依赖小规模的抽样数据(比如＜100 字)，无法将其结论推广到全体常用汉字。依靠第五章的工作，利用较大样本数据，我们不仅能够确定《博雅》所用 1045 个汉字的习得难度水平，还可以提出一份较为可靠的汉语教学全体常用汉字(以《汉语水平词汇与汉字等级大纲》所收 2905 字为标准)

的难度分级表。

下面我们回到“外国人汉字习得数据库”，以该数据库为基础，尝试提出对汉字习得难度进行量化以及分级的方案。

6.2 与难度值有关的数据分析

首先来看看汉字的整体得分情况。全体 1045 汉字的平均认读/书写得分率及标准差情况如表 6-1 所示：

表 6-1 全体 1045 汉字的平均得分率/标准差

	认读平均分	书写平均分	总分平均分
平均分(满分 30 分)	22.20	18.82	41.03
得分率	74.0%	62.7%	68.4%
标准差	5.59	6.07	10.88

对于作为个案的 1045 个汉字，我们已经标注了多项相关属性。其中第一类是汉字的普遍属性，包括笔画数、自然(在自然环境中使用的)字频、是否左右对称、结构形式、造字方式。第二类是与被试直接参与的教学过程有关的属性，包括课号(作为连续变量，可用来度量该汉字在课本中出现的早晚)、全书(在课本中的)字频、生词表字频(可以代表该字在课本中的构词能力)，以及该字所在课的新出汉字总数(用于检验单课要求掌握的生字多少是否影响习得效果)。

从方便统计的角度，我们将这些变量根据其数学特性重新分为 2 类。其一是连续变量，包括笔画数、自然字频(采用北京大学 CCL 语料库提供的数据)、全书(文本＋练习题)字频[采用郭曙纶(2011，2013)提供的方法统计]、生词表字频(统计方法同上，这基本上可以代表该汉字在所用教材中的构词能力)、汉字的课号(代表在教材中出现阶段的早晚)以及该汉字出现那一课的总新出汉字数(我们想考察是否在一课课文内要求掌握汉字过多会影响其习得)共 6 项。其二是分类变量，第一项为是否左右对称。艾伟(1949)曾提出，左右对称的汉字比左右不对称的汉字更容易学习，因此我们将这个变量纳入方差分析来检验其是否的确影响习得。第二项为汉字的结构方式，第五章我们已经介绍过，本研究采用的是上下、左右、包围(包括半包围和全包围)、独体、框架 5 大类的分类，因为其较为简明。但在实际统计中，发现“框架”结构的字数仅 5 字，为了统计方便我们将其归入“独体”结构。第三项为造字方式，我们采用的是钱乃荣(1990)提出的独体、义符＋义符、义符＋

音符、音符＋记号、义符＋记号、记号＋记号6大类的划分方式。

我们首先将汉字的习得总分作为因变量，与6项连续变量进行二变量相关分析，得到前文表5-26所示的矩阵。

分析结果发现，单个汉字的习得与该汉字笔画数、该汉字等级呈显著负相关，而与全书字频、自然字频以及生词表字频（教材中的构词能力）呈显著正相关；与所在课的新出汉字数的多少没有相关性。我们同样注意到被考察的自变量之间也存在很多显著相关性。

此外，我们还发现随着教学进程的推进，汉字的习得情况明显恶化，也就是说学习者更容易掌握在早期学习的汉字。

同时，如前文表5-27所示，认读、书写的整体情况与除所在课汉字数多少以外的所有变量均呈显著相关。

第二大类3种分类自变量都和汉字的字形有关，我们就先分别对其进行单因素方差分析，观察其对汉字习得情况的影响。

前文表5-20的分析已显示左右对称的汉字，无论读写、习得情况明显好于不对称的汉字。

表6-2和表6-3的分析显示不同结构方式对汉字的习得影响很大，最容易习得的为独体字，错误率最高的则始终是左右结构的汉字。值得注意的是左右结构的汉字在全体汉字中的比重大约是一半。

表6-2　4种结构方式对认读、书写以及习得总分的影响

结构	认读得分均值	书写得分均值	习得总分均值
上下	22.01	19.12	41.13
左右	20.84	17.36	38.20
外内	22.69	18.11	40.80
独体	25.74	22.77	48.51

表6-3　汉字结构方式对于习得情况影响的单因素方差分析

	组间F值	显著性(Sig.)
认读得分	41.047	.000
书写得分	43.077	.000
习得总分	48.418	.000

表6-4和表6-5的数据显示不同的造字方式对汉字习得也有着很大影

响，习得情况最好的是独体字，义符＋义符和记号＋记号的汉字习得情况也相对较佳。得分最低的是在现代汉字中占绝大多数的形声字。

表 6-4　6 种造字方式对认读、书写以及习得总分的影响

造字方式	认读得分均值	书写得分均值	习得总分均值
独体字	25.92	23.41	49.32
义符＋义符	23.33	19.81	43.15
义符＋音符	21.15	17.34	38.50
义符＋记号	21.13	18.22	39.35
音符＋记号	21.14	18.65	39.78
记号＋记号	22.86	19.17	42.03

表 6-5　汉字造字方式对习得情况影响的单因素方差分析

	组间 F 值	显著性(Sig.)
认读得分	20.031	.000
书写得分	25.019	.000
习得总分	25.886	.000

既然是否对称、结构方式、造字方式都对汉字的习得产生影响，那么将这 3 个字形因素综合起来，哪个(些)因素会产生最显著的影响呢？现将三个要素进行正交设计，检验其对习得的影响，结果如表 6-6、表 6-7、表 6-8 所示：

表 6-6　三种字形要素对认读情况影响的主体间效应检验

源	F 值	Sig.
模型	1866.67	.000
结构方式	8.778	.000
造字方式	1.967	.081
是否对称	4.183	.041

表 6-7　三种字形要素对书写情况影响的主体间效应检验

源	F值	Sig.
模型	1156.34	.000
结构方式	4.918	.002
造字方式	2.965	.012
是否对称	2.164	.142

表 6-8　三种字形要素对总体习得情况影响的主体间效应检验

源	F值	Sig.
模型	1720.88	.000
结构方式	7.124	.000
造字方式	2.410	.035
是否对称	3.559	.060

数据证明在同时考虑这些因素的情况下，汉字的结构方式始终对习得情况起到最大的影响；是否左右对称在一定程度上影响汉字的认读，而较少影响其书写；造字方式不同对于汉字的书写成绩有一定影响，而对认读没有太大影响。

在检验了9种变量各自对汉字习得产生的影响之后，我们面临的下一个问题是：如何将6种连续变量和3种与字形相关的分类变量统一在一个体系中，来检验其共同作用后，对学习者的汉字习得产生的影响。

"是否左右对称"这个变量的处理较为简单。我们将不对称的汉字的相应值设为"0"，对称的汉字设为"1"。

对于"结构方式"和"造字方式"这2项分类变量，我们则采用多元回归分析中常用的分类变量转变为哑变量的方式进行量化。对于结构方式，我们为每个汉字个案增加3项变量名称，分别为"上下结构""左右结构""外内结构"，具体转换方法如表6-9矩阵所示：

表 6-9　"结构方式"变量转换为数值的方式

	上下结构	左右结构	外内结构
上下结构的汉字	1	0	0
左右结构的汉字	0	1	0

续表

	上下结构	左右结构	外内结构
外内结构的汉字	0	0	1
独体汉字	0	0	0

比如，对于上下结构的汉字“务”，设置其值为“1，0，0”。为避免共线性的问题，没有增加“独体字”这一选项，而是用“0，0，0”来表示。同理，表 6-10 显示将“造字方式”变量转换为数值的方式。

表 6-10 “造字方式”变量转换为数值的方式

	义符加义符	义符加音符	义符加记号	音符加记号	记号加记号
义符加义符的汉字	1	0	0	0	0
义符加音符的汉字	0	1	0	0	0
义符加记号的汉字	0	0	1	0	0
音符加记号的汉字	0	0	0	1	0
记号加记号的汉字	0	0	0	0	1
独体汉字	0	0	0	0	0

如此，9 种变量都以数值呈现，可以进行多元回归分析。

6.3 汉字习得难度的计算与分级

以“习得总分”为因变量，对课号、所在课汉字数、笔画数、自然字频百分比（因数值过大，为便于观察，转变为百分比，即＝自然字频/CCL 数据库总字数）、全书字频百分比（同上，＝《博雅》全书字频/《博雅》全书总字数）、生词表字频、是否左右对称、结构方式、造字方式 9 种变量进行多元回归分析（实际运算时，后 2 种变量按照表 6-11 和表 6-12 的方法，拆分为上下结构、左右结构、外内结构、义符加义符、义符加音符、义符加记号、音符加记号、记号加记号 8 种），在纳入变量时采用“进入”法。初步运算的结果，发现全部与造字方式有关的变量 Beta 值都偏小（义符加义符＝0.15，义符加音符＝0.022，义符加记号＝－0.046，音符加记号＝0.006，记号加记号＝

—0.001)，为简化模型，可以排除上述变量。重新运算的结果如表 6-11 所示：

表 6-11　汉字习得总分的多元回归分析表

模型	非标准化系数		标准系数	t	Sig.
	B	标准误差	Beta		
(常量)	59.136	1.803		32.798	.000
课号	—.133	.020	—.196	—6.667	.000
笔画数	—.860	.109	—.247	—7.877	.000
所在课汉字数	—.281	.066	—.115	—4.278	.000
是否左右对称	1.344	.853	.046	1.575	.116
上下结构	—1.682	1.020	—.063	—1.649	.099
左右结构	—4.176	.954	—.192	—4.376	.000
外内结构	—3.283	1.164	—.092	—2.821	.005
全书字频百分比	1695.867	240.141	.302	7.062	.000
自然字频百分比	—598.053	266.438	—.092	—2.245	.025

根据 Beta 值发现，对汉字习得总分影响最大的因素是全书字频(正相关)，其次是笔画数(负相关)，再次是课号(负相关)及结构方式(左右结构会明显降低得分情况)。

对于单个汉字，如上述变量的值皆可查，则可以预测其习得难度的方程式为(方程式 1)：

难度原始值 1＝59.136—0.133 * 课号—0.86 * 笔画数—0.281 * 所在课汉字数＋1.344(若对称)—1.682(若为上下结构)—4.176(若为左右结构)—3.283(若为外内结构)＋1695.867 * 全书字频百分比—598.053 * CCL 语料库字频百分比

根据研究设计，该难度原始值的区间为 0～60，且数值越大表示难度越低。为便于观察和分级，可进一步转换为：

难度值 1=100—(难度原始值 1/60) * 100

该难度值处于 0～100 的区间,且值越大表示难度越高。就此,我们也可以很方便地将汉字的习得难度根据该值划分为 10 级(当然也可以根据实际需要采用不同标准划分),如表 6-12 所示:

表 6-12 汉字难度等级的划分标准

难度值区间	[0,10)	[10,20)	[20,30)	[30,40)	[40,50)
难度等级	1	2	3	4	5
难度值区间	[50,60)	[60,70)	[70,80)	[80,90)	[90,100]
难度等级	6	7	8	9	10

在数据库的实际数据中,该值最高的汉字为“糟”,难度值为 81.67,可划为 9 级;最低的为“安”等 16 字,难度值为 0,属于 1 级。理论上,也会存在难度为 10 级的汉字。当然,提出该方程式的意义在于可以推断《博雅》1045 字及该范围以外的汉字在其他教材中出现时的学习难度。例如,对于 1045 字范围以外的汉字“洛”,共 9 笔,左右结构,不对称,经查 CCL 语料库字频百分比为 0.00017,假设其在第 15 课出现,该课共要求掌握 20 个汉字,全书字频百分比为 0.000426(假设其等于“落”字在《博雅》的字频),则根据方程式 1,可以计算得出其难度原始值 1=40.2,难度值 1=32.96,难度等级为 4 级。如果认为该汉字的重要性很高(重要性的问题在结论部分略作讨论),希望降低其学习难度,则在可能的情况下,可以通过提高其在课本中的复现率、提早其在课本中的出现时间、减少该字第一次出现的课文所要求掌握的其他汉字的数量等方式(以上手段效用依次降低)来实现。

在实际的应用领域,我们也可能会面临只掌握汉字基本属性的情况(比如,在教材编写之前希望能将汉字习得难度作为参考),这样我们能纳入计算的变量就只有笔画数、自然字频百分比、是否左右对称、结构方式这 4 项。如果用这些变量进行回归分析,可以得到如表 6-13 所示的结果:

表 6-13　简化的汉字习得回归分析表

模型	非标准化系数		标准系数	t	Sig.
	B	标准误差	Beta		
（常量）	51.112	1.046		48.862	.000
笔画数	—.994	.115	—.285	—8.637	.000
上下结构	—1.595	1.081	—.060	—1.476	.140
左右结构	—4.310	1.011	—.198	—4.262	.000
外内结构	—3.238	1.233	—.091	—2.625	.009
自然字频百分比	1163.561	183.298	.179	6.348	.000
是否左右对称	1.407	.903	.048	1.557	.120

这样，理论上对于任意汉字，在不考虑课本等可变条件的情况下，可以通过方程式 2 来推测其习得难度：

难度原始值 2＝51.112—0.994 * 笔画数—1.595（若为上下结构）—4.31（若为左右结构）—3.238（若为外内结构）＋1163.561 * CCL 语料库字频百分比＋1.407（若对称）

难度值 2＝100—（难度原始值 2/60）* 100

以随意列举的汉字“确”为例，可以推测其难度值 2＝40.74，难度等级为 5 级。

然而，采用这一简化方程式的代价是拟合度下降。换个角度也可以解释为，在实际的教学过程中，该汉字习得的难度会受到很多其他因素的显著影响，比如，在课本中该汉字的复现率以及出现早晚，会严重影响到上述预测的准确性。

最后，考虑到汉字的认读掌握情况和书写掌握情况呈现较大差异，前者明显优于后者，可以单独计算汉字认读掌握和书写掌握的难度值。限于篇幅，具体过程略去，计算认读难度的方程式 3 为：

认读难度原始值＝30.678—0.089 * 课号—0.306 * 笔画数—0.134 * 所在课汉字数＋0.752（若对称）—1.258（若为上下结构）—2.137（若为左右结构）—1.114（若为外内结构）＋702.877 * 全书字频百分比—119.627 * CCL 语料库字频百分比

认读难度值＝100—（书写难度原始值/30）* 100

计算书写掌握难度的方程式 4 为：

书写难度原始值＝28.458－0.045＊课号－0.554＊笔画数－0.147＊所在课汉字数＋0.592(若对称)－0.424(若为上下结构)－2.039(若为左右结构)－2.169(若为外内结构)＋992.99＊全书字频百分比－478.426＊CCL 语料库字频百分比

书写难度值＝100－(书写难度原始值/30)＊100

6.4 《博雅》1045 字与《汉字等级大纲》2884 字的习得难度表

利用“外国人汉字习得数据库”的原始数据(即直接观察满分值＝60 的“习得总分”变量)，并利用方程式 1 中“难度值＝100－(难度原始值/60)＊100”的计算方法，可以得出《博雅》1045 字中每字的习得难度值，然后根据表 6-12 提出的 10 级标准进行划分，可以得出《博雅》1045 字的习得难度等级如二维码 6-1 所示(每级中的汉字按习得难度由低到高排列)：

二维码 6-1 《博雅》1045 字的习得难度等级表

以此为基础，我们还可以进一步推测出全体常用汉字的习得难度等级。但首先我们需要考虑的是采用哪个字表作为“常用性”的代表。国家语言文字委员会 1988 年颁布的《现代汉语常用字表》包括 2500 常用字和 1000 次常用字，在社会上的知名度和影响力最大。但在对外汉语教学领域，由国家汉语国际推广领导小组办公室(以下简称“国家汉办”)于 1992 年规划出版，并于 2003 年完成修订的《汉语水平词汇与汉字等级大纲》显然更有代表性。该大纲共收甲、乙、丙、丁 4 级汉字共 2905 个，历来是对外汉语教材编写、考试设计的主要参考对象。利用方程式 2，并参考表 6-12 所提出的分级标准，我们计算出了该大纲中全体汉字(不包括丁级字附录部分的专名用汉字如“沪”等，实际计算了其中 2884 字)的习得难度等级，如二维码 6-2 内容所示：

二维码 6-2　《汉语水平词汇与汉字等级大纲》所收汉字的习得难度等级表

我们发现其中 4 级汉字（30≤难度值<40 的汉字）数量最多，共 1531 字，超过了大纲所收汉字的半数。这符合我们一般的教学经验，也和第五章的结论相符，即大部分的汉字具有接近 4 成的习得偏误率。我们可以以难度值＝35 为界（二维码 6-2 中的“疫/壹”两字），将 4 级字分为两段，姑且称为 4 级一低和 4 级一高。从数量上看，1—3 级和 4 级一低的汉字数量和 4 级一高及以上的汉字数量基本相当，可以认为后一部分的汉字属于较为“难学”的汉字。在教学中，我们可以对这些“难学”的汉字加以额外的关照，尤其是对其中字频比较高的汉字，因为高字频意味着在实际使用中的常用性。在本书的第十一章，我们会探讨一下如何对目标汉字进行强化的教学。

最后，有两个方面需要额外的说明。其一，上述等级表中的难度级别划分是采用了方便观察的百分制/十级划分法。为了适应实际的教学和研究需要，完全可以改变表 6-12 所提出的标准。比如，由于 6 级以上的汉字很少，而 1—5 级的划分又不够细，完全可以将 1—5 级的汉字以难度值“5”为区间，重新划分为 10 个等级。这样也许更有利于在大纲设计、教材编写等工作中加以运用。

其二，如 6.3 部分所述，采用方程式 2 得出的难度值（如二维码 6-2 中内容）由于缺少实际教材字频数据的支持，真实度要远低于由方程式 1 得出的难度值（如二维码 6-1 中内容）。因此，对于某一具体的教材或教学体系，预测其所教汉字最真实的学习难度数据的方法，显然是在统计教材中每个汉字字频和每个字所在单元汉字总数的基础上，利用方程式 1 重新计算，以获得类似于二维码 6-1 中内容的难度值/等级表。二维码 6-3 中的数据仅在条件有限的情况下，提供一个大致的参考。

二维码 6-3　常用汉字习得难度表

第七章　外国人习得汉字的自我报告型研究

［本章思维导图］

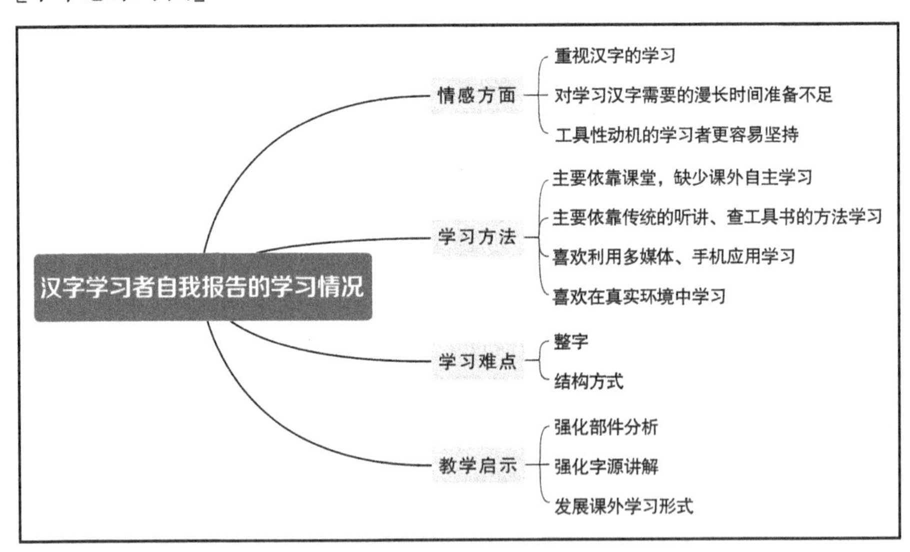

7.1　关于汉字学习者的研究

在第五、六两章，围绕“外国人汉字习得数据库”，我们全面观察了汉字自身的各类属性对其习得情况的影响。现在，让我们把目光从语言要素转向汉字的学习者，来看看作为学习的主体，学习者自身的因素对汉字习得会产生什么样的影响。

如第三章所述，学界关于汉字学习者的研究已广泛开展，但严格来看却仍然说不上全面，比如，关于学习动机对汉字学习的影响的研究暂告阙如。此外，已有的研究多数都是针对学习者的客观语言行为，即通过考察学习者在语言实验或测验中加工的水平高低来分析其学习情况，却甚少他们对汉字学习难易及规律主观认知的自我报告。按照王永德（2003）的观点，后者和前者应是相互补充的关系。而且，在目前的研究水平尚无法支持对汉字习得进行全面客观定量分析的情况下，学习者的自我报告型研究使我们可以较为容易地窥见外国人汉字学习的全貌。

为此，我们采用问卷调查的方法，对上海某高校国际教育学院的非汉字圈留学生以及部分沪上外籍社会人士等共计五十余名学习者进行了问卷调查，研究与分析外国人习得汉字的多项因素，以期为广大教师及研究者提供一些参考。

7.2　研究的过程

研究对象：上海某高校国际教育学院的来华留学生以及在沪外籍社会人士抽样 51 人。

调查方法：问卷。于 2013 年 12 月发放 60 份，回收 58 份，回收率 96.7%，有效问卷 51 份，有效率 87.9%。

调查问卷见附录，分四部分，共 24 题，选项设计方式根据实际需要有所不同（例如有些允许复选）。

第一部分为被试者的基本情况，包括：(1)性别、(2)年龄、(3)国籍、(4)职业、(5)学习汉语时间、(6)汉语水平、(7)学习汉字时间。

第二部分是和被试学习动机类型有关的信息，包括：(8)计划学习汉字时间、(9)动机类型、(10)被试认为学习汉字的必要性、(11)被试认为学习汉字对于学习汉语有多大帮助、(12)被试认为认读汉字重要还是书写汉字重要。

第三部分是和学习策略有关的因素的反馈，包括：(13)被试认为了解汉字的结构是否对认写汉字有帮助、(14)被试认为汉字的何种要素（部件、笔顺、结构、整字）最难学、(15)被试每周用于自学汉字的时间、(16)被试学习汉字的主要方法、(17)被试是否使用手机 App 来学习汉字、(18)被试是否通过目的语环境中随处可见的汉字进行学习。

第四部分是和汉语课程教学有关的内容，包括：(19)被试每周实际的汉字课时；(20)教师是否使用形旁和声旁等部件要素帮助被试归纳学习；(21)被试是否经常参加学校组织的有关汉字学习的活动，如书法比赛、汉字听写比赛等；(22)老师在教授汉字时是否会渗透文化方面的内容，如一个汉字的由来、故事、历史等；(23)被试认为提高一个汉字在教材中出现的次数，是否更容易习得汉字；(24)被试认为听写汉字时，笔画多的汉字易错还是笔画少的汉字易错。

问卷回收后，经手工剔除回答不完整和故意规律性作答的废卷，将有效问卷编为51份，利用Excel和SPSS软件进行了多种分析。

从基本情况来看，被调查者中男性25人，女性26人，平均年龄24.06岁，学习汉语1年以下的为23人，学习汉语1年及以上的28人。学习汉字的时间分布与之完全相同，说明目前绝大部分学习者都没有采取“语文分开”的学习方式。被调查者的平均汉语水平为新HSK3级。数据显示抽样群体是较为理想的汉字学习调查对象。

7.3 外国人的汉字学习状况

7.3.1 学习时间和重视程度

被调查者中，有28人计划学习汉字的时间超过1年，而20人计划学习的时间在6个月及以下，显示学习者对汉字学习需要的时长上存在分歧，而事实上只利用半年左右的时间学习汉字是非常困难的，这是过去从教师角度很少意识到的一点。用5度量表表示的话，被调查者认为学习汉字的必要性为4.25，而学习汉字对于汉语学习本身有帮助的程度为4.21，显示学习者在心理上普遍对汉字学习比较重视。有趣的是，对上述2个变量进行相关分析后，发现相关系数(P=0.267　Sig.=0.058)十分接近，但并未达到显著水平。这说明学习者潜意识中认为汉语的口头能力和汉字读写能力在一定程度上是可以分开的，这和我们在教学实践中的体验也颇为一致。

在汉字的“认”和“写”方面，学习者的重视程度如图7-1所示：

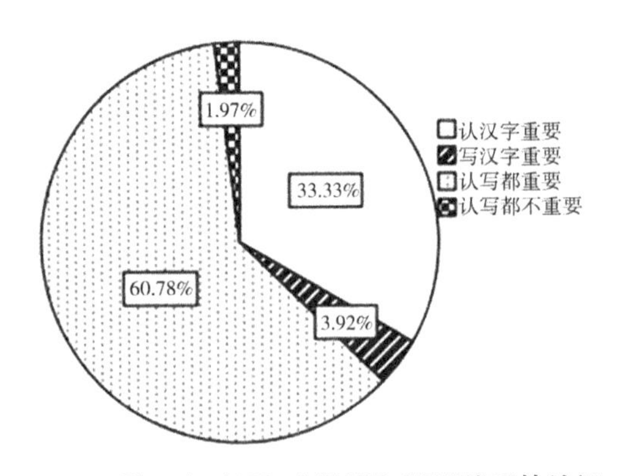

图7-1　学习者对于汉字“认”和“写”关系的认识

可以看到虽然约60%的学习者认为汉字读写应均衡发展，却也有多达三分之一的学习者认为认汉字的能力可以单独发展，这也许和网络时代文字在电子媒体的使用情况有直接关系。

7.3.2 学习动机

动机的构成和分析本身是一个复杂的问题，如果考察国内外既有的研究，可以把动机大致分为两大类：内在动机与外在动机。

国外最经典的关于二语学习的动机研究莫过于：

第一，Gardner & Lambert 的“融入性动机”和“工具性动机”理论，以及在此基础上开发的“第二语言学习态度/动机测验量表”(AMTB)。融入性动机的学习者希望能融入目的语社会，表现出一种“对于该种语言下的文化和人民的真诚的个人兴趣”；工具性动机的学习者则将目的语作为通过考试、找到工作等的工具，侧重“学习一门新的语言的实际价值和好处”(Gardner & Lambert，1972)，且二位学者均认为，“融入性动机比工具性动机更能预测二语学习的成功度”。

第二，Dörnyei 的“理想二语自我”“应该二语自我”和“二语学习经验”。Dörnyei 对 Gardner 的动机理论进行了批判性的继承，提出“三层模型理论”：语言层、学习者层、学习情境层。又吸收希金斯的“自我不一致理论”，将“二语动机的自我系统”分为理想二语自我、应该二语自我和二语学习经验。其中，理想二语自我相当于内在动机或融入性动机；应该二语自我则近似于外在动机或工具性动机（Dörnyei，2001）。

国内对于汉语学习动机的研究和分类多结合特定时期汉语教学的实际，呈现出一定的特殊性，如早期吕必松(1995)把外国人学习汉语的动机分为职业、职业工具、学术、受教育和其他5类；徐子亮(2000)则分为掌握工具、升学、深造、研究和不明确5类。王志刚等(2004)的研究则对上述的分类提出了批评，认为应该纳入“融入性”动机进行调查，实质是与国外的分类趋近。之后国内的研究也多受其影响。

基于中国目前对外交往日益深入的现状，结合本调查在国际化程度较高的地区开展的事实，且考虑到过去很少有人直接调查过汉字学习的动机，而汉字学习又具有在一定程度上独立于汉语学习整体的特点，我们将问卷中关于汉字学习的动机单独列出，并将其选项较简明地分为：A. 生存需要、

B. 工作需要、C. 学历需要、D. 父母意愿、E. 了解文化 5 项，并将其中的 A、E 两项归为“融入性动机”，B、C 两项归为“工具性动机”，D 项归为“无明显动机”，且允许被试任意复选，实际形成“融入性动机”“工具性动机”“复合动机”和“无明显动机”4 大类。初步的统计结果如图 7-2 所示：

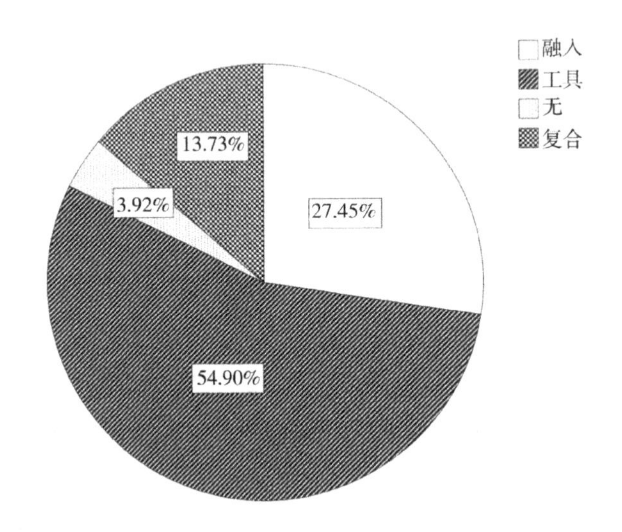

图 7-2 学习者汉字学习动机构成

可以发现数量居首的动机是工具性动机（54. 90%），而单纯的融入性动机占比也高达 27. 45%。无明显动机的学习者的确存在，但只占 3. 92%，而复合动机则占 13. 73%，如将其和第 2 类合在一起看，可以认为大致四成的学习者在学习汉字时具有“融入中国社会”这一学习动力，这比我们过去认为的要高。不过考虑在当今中国，如果作为一个完全目不识丁的“文盲”，的确生活会有很大不便的现状，则可以认为这个结论十分合乎情理。

我们更关心不同动机类型和学习汉字诸多要素之间的关系。由于“无明显动机”的学习者人数过少，我们将这一类从样本中剔除，以剩余的 3 类动机类型（融入性动机、工具性动机、复合动机）作为因子，对之前考察的诸多可量化要素进行单因素方差分析（取 95%置信区间），得到了表 7-1 所示结果：

表 7-1　3 种动机类型的单因素方差分析

因变量	F 值	显著性(Sig.)
年龄	2.193	.123
学习汉语时间	3.180	.051
汉语水平	1.781	.180
学习汉字时间	3.962	.026*
计划学习汉字时间	2.078	.137
是否有必要学习汉字	.755	.476
汉字对汉语水平有无帮助	.274	.762

数据显示不同动机类型的学习者仅在学习汉字时间这一项具有显著性差异，学习汉语时间的差异虽接近显著，但实质指向与前者一致，且不如前者符合本研究的主旨，因此只须查看 3 种不同动机学习者在学习汉字时间上的具体值，如表 7-2 所示：

表 7-2　3 种动机类型学习者学习汉字时间均值

动机类型	学习汉字时间均值	均值所属大致时间区间
融入性动机	2.93	6～12 个月
工具性动机	3.54	6～12 个月及更长
复合动机	2.00	3～6 个月

可以发现在学习初期，学习者往往具备复合动机（也许他们还没有弄清自己学习汉字的真实目的），融入性动机在学习时间为半年到 1 年的学习者中最为普遍，而能长时间坚持学习汉字的学习者往往具有较单纯的工具性（求学或工作）动机。而学习动机类型与年龄、现有汉语水平、将来的学习计划以及对汉字学习的认识等要素都没有直接的相关性。

7.3.3　学习策略

在问卷中我们考察了学习者对于汉字各构成部件的认识。

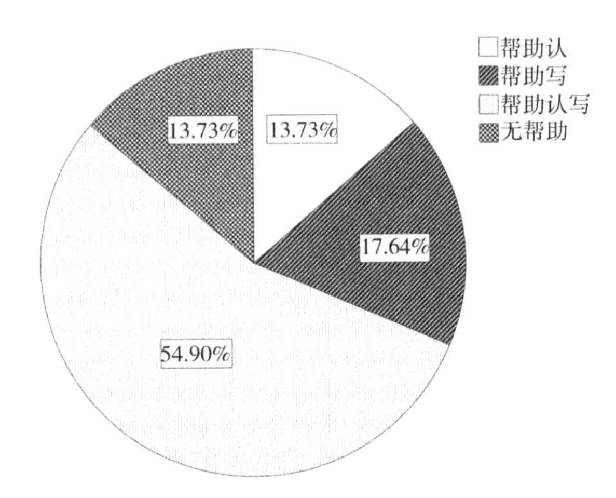

图 7-3 学习者对于掌握汉字部件意义的认识

数据显示超过一半的学习者认为掌握汉字部件对于汉字的认、写都有帮助，而认为单独有助于认、写或认为无帮助的学习者数量相仿。

对于学习汉字过程中最困难的因素，我们列出了部件、笔顺、结构和整字 4 项（允许复选），虽然复选的学习者不多，但我们还是按照频次统计了其百分比，结果如图 7-4：

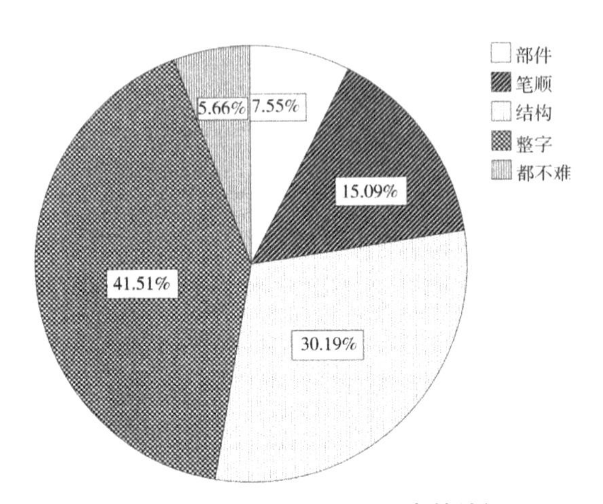

图 7-4 学习者对学习难点的认识

可见学习者认为最难学习的是整字，其次是结构，而认为部件和笔顺有困难的学习者相对较少。

每周用于自学汉字的时间方面，图 7-5 的数据显示数量最多（45.10%）的学习者每周花 1～3 小时在课外自学汉字。合计64.71%的学习者周自学时间在 3 小时以下，说明学习者自学时间可能不够充足。

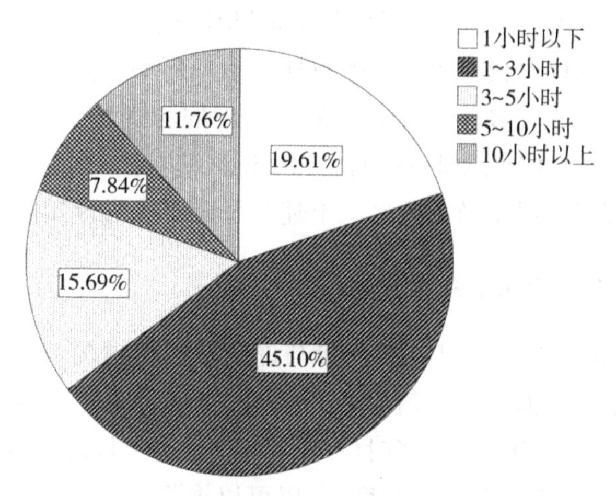

图 7-5　学习者每周用于自学汉字的时间

以动机类型为因子，对每周学习汉字时间进行单因素方差分析，得到 F=1.174　Sig. =.330，未发现不同动机的学习者在自学时间上有显著差异。

图 7-6 为学习者采用的主要学习方法（可复选）。数据显示接近三分之二的学习者采用以课堂上老师教授为主的学习方式，在非课堂方式中，利用工具书学习的占比较多，为 13.56%，利用中国影视作品（看字幕?）学习的占 11.86%，而习惯通过课外阅读来学习汉字的只占 6.78%，这一与预期颠倒的数据令人感到较为意外，但也从一个层面折射了时代的特点。

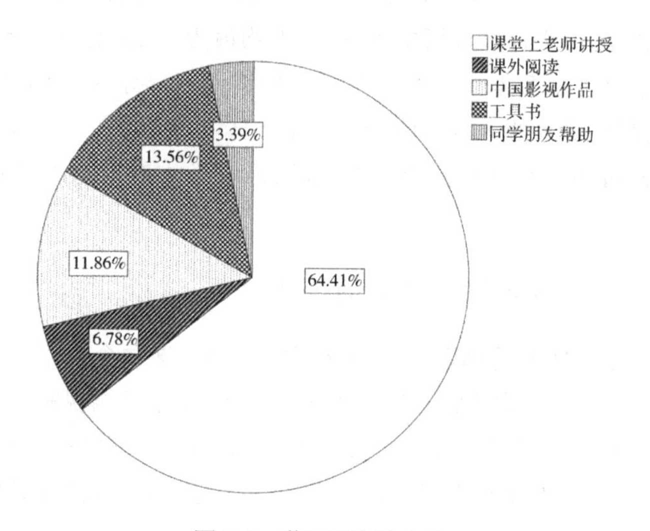

图 7-6　学习汉字的方法

此外，学习者使用手机 App 帮助学习汉字的 5 度均值为3.57，频度分布显示总共 64.7%的学习者"总是"或"常常"使用这一方法，超出我们的预料，体现了移动互联网时代汉语学习的鲜明特点。而关于是否在生活中通过地铁站名、商店名、饭菜名等因素学习汉字，5 度的均值为 3.88，频度分布显示总共 76.4%的学习者"总是"或"常常"使用这一方法。这提示我们以往可能或多或少忽视了在汉字教学中融入上述两个显而易见的有利因素。

7.3.4 汉字的课堂教学情况

接下来，我们观察学习者实际参与课堂学习的情况。调查显示学习者平均每周的汉字课时 5 度均值为 3.0，对应 3～5 小时。考虑到国内长期汉语班的精读课一般为 8～10 课时(3.5～4.5 小时)/周，而专门开设的汉字课即使有，一般也不会达到这个长度，所以可以推测学习者基本上以精读课课时代替了"学习汉字的课时"这个概念。当然，就精读课的结构而言，用于纯"汉字教学"的时间不可能有那么长，然而另一方面口语、听力等课程的教学过程中，又不能完全排除"汉字教学"的存在，所以可以大致认为学习者实际用于学习汉字的课堂时间的确为 3～5 小时/周。相比之下，1～3 小时的课外学习时间更显偏少，但这个结论仅通过本研究很难做出，需要其他(如访谈调查)研究方法的配合才能呈现。

在教学方法方面，教师使用汉字的形旁和声旁进行归纳的 5 度均值为 3.25，略高于"有时候"的水平，而教师在教授汉字时有意识渗透文化内容(如一个汉字的由来、故事、历史等)的 5 度均值为 2.88，比前者更低。

关于学习者是否经常参加学校组织的有关汉字学习的活动，如书法比赛、汉字听写比赛等的 5 度均值为 1.86，低于"很少"的水平。这显然不只是学习者单方面缺乏参与意愿的因素，很可能教学方对于这类活动的组织还不够重视。

7.3.5 汉字自身属性对学习的影响

最后考察字频和笔画数对汉字学习的影响。这两个因素的考察更适合使用定量研究，在这项问卷调查型研究中，我们实际只能观察学习者对这两者的主观判断。数据显示，88.2%的学习者认为如果提高一个汉字在教材中的复现率，将有助于其学习。这一点与多项定量测试研究的结果一致(如冯丽萍，2002；江新，2006 等)。

图 7-7 的数据则显示，对于汉字听写，49.02%的学习者认为笔画多的汉字更易写错，而 19.61%的学习者认为无论笔画多少都容易写错，有23.53%的学习者认为二者都不容易写错，显示在汉字学习方面较强的信心。合在一起，可以认为有 43.14%的学习者认为笔画数多少对于书写准确率没有影响。此外还有 7.84%的学习者认为笔画少的汉字比笔画多的汉字更容易写错。这样来看，实际上超过半数的学习者认为笔画数多并不影响汉字的学习效果，但这和多项定量测试研究的结果相违背（如冯丽萍，2002；刘丽萍，2008 等），显示了问卷调查型研究的局限性。

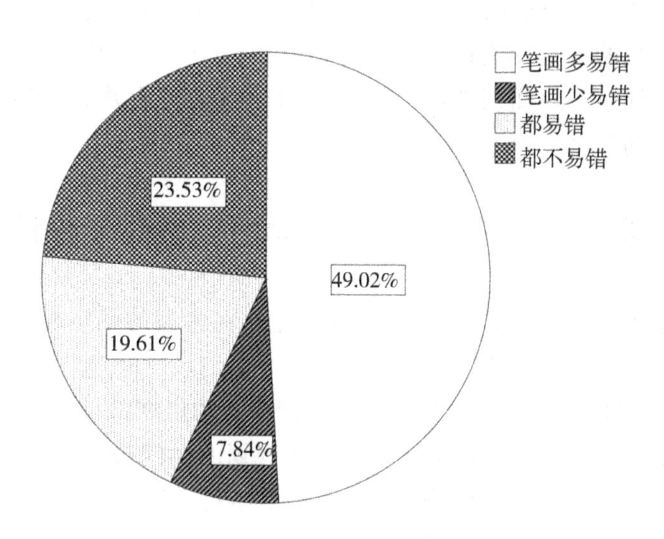

图 7-7 学习者认为笔画数对汉字听写的影响

7.4 汉字学习的“全景图”和存在的问题

如果我们把本研究的全部结论放在一起进行梳理，就可以看到一幅外国人学习汉字的“全景图”。总体而言，欧美学习者普遍都很重视汉字的学习，而且大都均衡地重视“认”和“写”两个方面。但是，他们对于学习汉字所需要的长时间却有些准备不足。动机类型对于学习方法和学习态度的影响并不明显，然而具有工具性动机的学习者更容易长时间坚持学习，结合前面的结论（学习汉字需要比预期更长的时间），可以认为工具性动机的学习者更容易获得最后的成功。那么，汉字教学要想成功，就要使学习者做好“学习汉字需要很长时间的不懈努力”这一心理准备，这不仅需要教学设计、教学技巧方面的投入，恐怕也需要教师重视情感方面的个别辅导。

学习方法方面，学习者主要依靠课堂学习汉字，相对而言，在课外自习、练习汉字的时间偏少，这是今后在教学设计中需要加以调整的地方。学习者倾向于依靠传统的听讲以及查找工具书学习汉字，但是中国日渐丰富多样的影视作品、新兴的手机 App 以及在目的语环境中随处可见的“真实”的汉字也是他们喜欢的学习方式，然而这些学习方式目前从教师角度仍没有得到足够的重视。

学习者普遍重视对汉字部件的掌握，而他们学习的难点在于整字和结构方式。以此反观目前的汉字教学，教师对“部件分析”“字源讲解”这些传统上受到重视的手段使用仍略显不足（这也许和短时间内要求掌握大量汉字的总体设计有关），而诸如课外兴趣活动等形式较为灵活、趣味性较强的汉字学习活动几乎告缺。

7.5 促进外国留学生汉字学习的设想及建议

从外国人汉字学习的现状出发，我们建议在常规的汉字教学手段之外，对汉字教学进行如下的改进：

（1）从总体设计角度，对汉字教学进行全面的规划，如识字量表、汉字教学进度表等（通过大纲、教材来实现），且将规划的时间跨度延长到 1 年以上（而不是像现在这样往往只局限于 1～2 个学期）。因为汉字学习需要比以往认为的更长的时间才能达到成功。

（2）鼓励学习者将汉字学习和具体的工作、学习技能相关联，同时在教学设计中融入实践性的任务（如阅读汉字标识、阅读应用文体等），因为工具性动机似乎有更好的促进学习的效果。

（3）重视汉字学习中的情感因素。教师应想方设法鼓励学生克服畏难情绪，长期不懈地坚持学习汉字。

（4）积极地将课外读物、中文影视作品等教辅材料和手机 App 等新技术手段运用到汉字教学中，因为这些手段与学习者的偏好一致。

第八章　外国人习得汉字的个案研究

[本章思维导图]

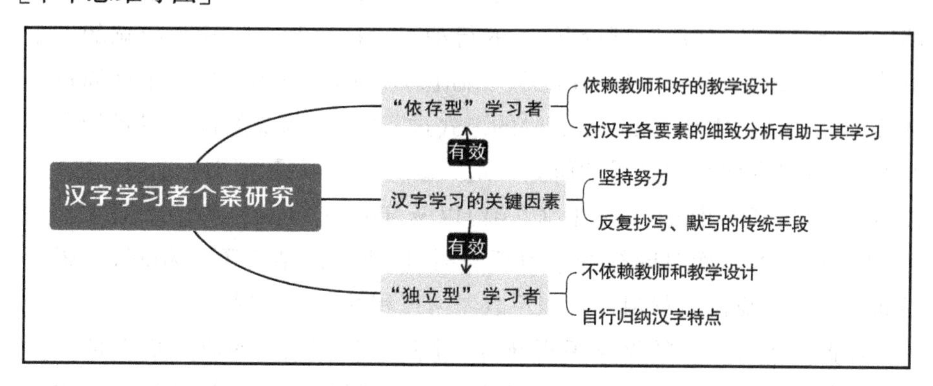

8.1　进行学习者个案研究的意义

上一章我们针对汉字学习者进行了面上的调查。尽管我们得出了一幅汉字学习的"全景图",却似乎仍然没有办法回答这一个问题:决定学习者成败的关键因素究竟是什么?回顾以往的研究,我们发现尽管对于学习者的研究在整个第二语言习得研究中占据比较重要的位置,但在汉字习得研究中这一类别却数量偏少(仅占全部文献的5%左右),而且主要集中在"学习策略"等比较单一的主题上。

从研究方法上看,20多年来,对于汉字的"教"与"学"的研究正从早期以"经验总结"为主转向越来越频繁地使用定量研究的方法。尤其是在汉字习得研究的领域,定量或实验研究已占到研究总数的90%左右。然而,近年来兴起的"质性研究"的方法,在此领域却十分鲜见。

不难发现研究对象与方法上的这两处空缺有着很大的关联性。现代汉字(尤其是常用汉字)在经过多年的定形、定量、定序的工作后,很容易将其总量控制为一个固定的集合。相比其他语言要素(如词汇),汉字的习得具备更好的进行量化研究的条件,也更容易将研究者的关注点吸引到与汉字本身属性(如字频、笔画数、结构等)有关的方面。前面提到的文献比重印证了这一倾向的存在。然而,从另一方面来看,我们又不能忽视由于科学的实际材料与方法论基础存在尖锐矛盾而产生的"心理学危机"(Lantolf & Thorne,2007),也就是追求精确性、客观性、量化性、操作性的"科学主义"的方法论(这个流派一般被称为"认知学派")与追求对于心理现象所蕴含意义的探索的"人文学科"传统(这个流派一般被称为"社会学派")这二者之间的矛盾。在社会学派看来,学习属于人类的"高级认知功能",是在社会活动实践中发展起来的。"活动理论"将人的行动视为社会和个体相互影响的一个整体动态系统进行研究(Lantolf & Thorne,2006)。学习者作为个体通过与环境的互动,以"中介"(mediation)的形式进行学习,因此忽视学习者的个别情况,忽视过程而只问结果的研究方式一定会存在不足。例如,Coughlan & Duff(1994)、McCafferty,et al. (2001)以及 Thorne(2000)等诸多研究都显示:不同的学习者面对同样的学习任务时,所进行的活动不尽相同,二语习得研究中仅依靠语言材料不足以反映学习过程的真实情况。

以此反观外国人的汉字习得研究,过去注重"定量"的研究更多地关注学习者的学习结果以及影响学习效果的"显性"的因素,尤其是和汉字本身属性有关的因素。在这一研究视野下,"汉字学习者"始终是被作为一个整体来看待的。我们在第七章的研究采用的就是这一方式。但实践经验告诉我们,在学习汉字的非汉字圈学生中既有成功者,也不乏大量失败的案例。那么决定汉字学习成败的关键因素究竟是哪些呢?过去的研究似乎无法回答这个问题。如果我们转向社会学派的观点,采用质性研究的方法关注不同个体的汉字学习经验,关注个体在学习过程中与教师、学生、母语使用者以及诸多环境因素的互动,或许就能一窥其端倪。

退一步来说,虽然"认知学派"和"社会学派"在语言观、方法论上有着种种对立,但越来越多的学者开始主张二者的互补(文秋芳,2008)。这种互补关系如果拓展到方法论层面,则表现为消除定量研究和质性研究的二元对立,而代之以互补式的结合(Duff,2008)。因此,在本章,我们计划采用二语习得质性研究中常见的多案例个案研究(multiple-case study)的形式来探索导致汉字学习成败的关键因素,在研究主体框架内,采用以学习者访谈为主、以教师访谈为辅的数据收集方式,在框架外则辅之以传统的问卷式定量研究作为对前者的结论进行"三角互证"(triangulation)的工具,以加强其信度。

8.2　研究设计

8.2.1　主要调查对象

调查对象为在上海某高校学习汉语的学历生与非学历生共6人。考虑到研究的需要，我们故意选取了在性别、国别、学习成绩、学习态度等方面有较大差异的6名学习者，但保证其同时满足以下条件：(1)母语为非汉字文化圈的语言，也就是典型的汉字学习者；(2)学习汉语的时间在半年以上，但尚未完全掌握全体常用汉字，即确保其既有较丰富的学习汉字的经验，又没有完全掌握汉字，可以提供描述学习过程的“新鲜的”一手数据；(3)有2名教过他们的教师能对其访谈材料进行侧面的佐证和补充(见8.2.2部分)。

8.2.2　辅助调查对象

针对每位学习者，联系两位曾经教过他们初级综合(精读)课程的教师，通过电话采访的形式，请其描述学习者的整体学习情况、汉字掌握情况、学习风格等。配合对学习者本人的深度访谈，形成其汉字学习情况的叙述性文本。

8.2.3　数据收集及分析方法

对学习者进行的深度访谈采用“半开放式”结构，允许受访者以汉语或英语回答，除导入及收尾部分外(这两部分的内容可以离主题较远以便把受访者情绪调整到合适的状态)，访谈以下7个主要问题构成脉络，在就每个问题进行交流时，根据实际情况(比如，为了便于受访者理解)，采访者会改变提问的形式，也会追加一些相关的问题，以引导学生说出更多实质性的内容(括号内为可选的相关问题)：

(1) 你喜不喜欢学习汉字？(为什么？)

(2) 你觉得学习汉字难不难？(为什么？哪个方面最困难？)

(3) 你有没有学习汉字的好方法？(你会不会使用比如__________这样的方法？)

(4) 你希望你的老师怎么教你汉字？(那么如果老师使用__________这样的方法，你会喜欢吗？)

(5) 你觉得学习汉字对你的整体汉语水平的提高有帮助吗？(为什么？)

(6) 你觉得你的汉字水平在哪个阶段进步最快?(为什么?)

(7) 如果你的朋友(也是同胞)现在开始学习汉字,你会给他/她什么建议?(你会建议他/她避免使用什么样的方法?)

在采访完成后,根据采访录音转写的文本,并结合2位教师的评价,获得对该学习者整体汉字学习情况的叙述性文本(原始录音文本的缩写),并形成其汉字掌握水平、学习风格与偏好以及学习成败关键因素的初步判断。

之后,使用 Atlas. ti 软件,对6份原始访谈文本中的关键词语进行编码和统计,以确认总体上和对于不同风格的学习者而言,决定学习汉字成败的关键性因素。

8.2.4 配套的问卷调查

如果说在本次个案研究的主体框架内部,我们采用学习者访谈和教师访谈互证的方式来确保研究信度,那么在框架外部,我们则针对个案研究的结论,设计一套专门的问卷(见附录),来对上述结论进行三角互证。我们希望利用这项问卷调查的结果来观察个案研究所获得的结论是否能在较广泛的面上(较大样本容量)得到支持。

8.3 数据分析

8.3.1 关于6位汉字学习者的叙述性文本[①]

(1) 名字:慢容,性别:女,年龄:19,国籍:乌克兰

慢容学习中文已有近2年的时间,她目前是课题组所在大学汉语系一年级的本科生,之前在南京一所国际学校学过1年中文。她平时在课堂上说话不多,成绩中等,但汉字的认读能力在欧美学生中很突出,学习比较努力,汉字的读、写能力比较均衡,基本能满足学习的需要。她喜欢学习汉字,主要是因为对其中的文化内涵感兴趣。但她同时也觉得汉字很难学而且容易彼此混淆和遗忘。尤其是汉字的书写,汉字笔画很多、很复杂,这让她觉得很不容易掌握。在学习过程中,她并没有特别的好方法,一般是依赖反复认读,有时候采用听写汉字的方法来学习,但她觉得一位好的教师,尤其是一

---

① 以下为原始录音文本的缩写,原始文本平均长度为每份约2500字,见附录。此外,为保护受访者隐私,所有人名均为化名。

对一辅导的教师能带来很大帮助。她一般没有明确的学习汉字的计划，而且也只是偶尔看一下中文的网站或带字幕的中文电影来帮助学习。在课堂上，她比较习惯于老师随生词或课文讲授汉字，认为这样更便于记忆。她喜欢老师讲解汉字文化方面的内容，但在印象中她的老师们并没有这样做。她认为汉字水平的提高理所当然地会帮助她整体汉语水平的进步，但说不清楚哪个阶段汉字水平进步最快。她建议其他学习者多看书、多看带字幕的电影来学习汉字，认为这些方法对她本人很有帮助。

(2) 名字：苏菲，性别：女，年龄：21，国籍：瑞典

苏菲学习中文已有3年时间，是所有受访者中学习时间最长的。在老师们眼中，她学习态度尚可，但在课堂上不太活跃，有问题不太喜欢问老师和同学，倾向于自己解决。对于学习上的困难，她常常有“知难而退”的倾向。苏菲的口语水平不错，发音标准，表达到位，但是汉字读写的能力都偏弱。在课堂上常无法完成基本的“朗读课文段落”的任务。苏菲表示她喜欢学习汉字，因为汉字的表意性让她觉得有意思。她认为如果努力的话，汉字并不难学。但她坦言自己没有努力学习汉字(一个星期写十分钟汉字)，所以汉字的学习便显得艰难，难点在于汉字多、易混淆、易遗忘(尤其是“不是每天写的汉字”)。苏菲没有特别的学习汉字的方法，既不注重分析汉字的部件，也很少反复抄写。她没有明确的学习计划，也没有能力看速度很快的电影字幕。对于老师的教学方法，她也没有特别的偏好，但是提出听写是她不喜欢的方法，但恐怕又是最好的方法。苏菲觉得汉字水平高的话，理所当然地会有益于听、说、读、写的全面提高。根据回忆，她感觉学习汉语的第一年，汉字进步最快，因为有“新鲜感”。她给其他学习者的建议是“每天写一个小时汉字”和“千万不要只学拼音不学汉字”。值得一提的是，因为无法跟上课程进度，苏菲已经决定从汉语系本科二年级退学了，她认为汉字能力不足是她无法跟上进度的主要原因，而根本问题是“自己不够努力”，而且这种情况是国别文化不同造成的，她觉得总体上亚洲同学比欧洲同学努力得多。

(3) 名字：友锐，性别：男，年龄：19，国籍：意大利

友锐在来大学以前已经在一所国际学校学了2年中文，目前在一个非学历项目中进修中文，打算之后去英国上大学。老师们认为友锐是一个很聪明的学生，学习能力强，口语好，敢于开口交际，但是他其实并不太用功，基本功不太扎实，也不太重视对读写的学习。他能认读课本中大部分的汉字，但是不太会写字，有明显的“偏科”倾向。友锐喜欢学习汉字，因为他知道全

面发展的中文水平才是“真的好”。但是他也觉得汉字很难,因为很多汉字字形容易混淆,有些汉字又是多音字,汉字总量很多,有些汉字的笔画又很多。很多汉字容易发生“忘了怎么写”的情况。他觉得学习汉字没有捷径,有时候依靠自己默写的方式学习。记住汉字的部件是一个途径,但他觉得部件本身也有些难学。他的汉语水平不够高,无法通过看字幕电影或者课外阅读的方式学习。他知道应该记住每一课新出的汉字,但不会要求自己这么做,也没有其他的汉字学习计划。在学习过程中,他接受教师的引导,比如,对字源的讲解,但更倾向于形成自己的方法后自学。他知道汉字是学习中文的重要一环,认为进入大学的汉语班后汉字水平进步更快,因为在此期间“只有中文课”。他给其他学习者的建议是“写写写”,也就是采用自己给自己默写的方式。此外他认为应该建立音、形的联结,在看不懂汉字的情况下,可以通过与中国人的交流来学习。

(4) 名字:迪蕾沙,性别:女,年龄:35,国籍:斯里兰卡

迪蕾沙具有理工科的专业背景,来中国的目的是在具备一定中文基础后进入一个全英文授课的 MBA 项目学习,她是所有受访者中学习中文时间最短的,大约只有 9 个月,而学习汉字的时间只有半年多一点。老师们觉得她理解力强,喜欢也善于学习语法,相比之下,她的听说能力尤其是听力进步比较慢,在接受采访时,使用的是中、英文混杂的回答方式。她在学习汉字时,给人的感觉是“难、累、慢”,喜欢借助教师的板书学习,需要很多时间才能学会,但是学习的效果却不错,已经能认、写很多的汉字,作为一名斯里兰卡学生,在期末的精读考试中还获得了 90 分以上的好成绩。迪蕾沙明白学习汉字对于在中国生活、学习、工作的重要性,但她并不喜欢学习汉字,因为汉字很难。汉字与拼音文字不同,有很多独特性:很多汉字同音而不同形,也不像拼音文字那样可以直接诵读,不经过学习无法明白汉字的意义和用法。写汉字比认读汉字更难,因为笔画很多,部件也不像拼音文字的字母表那样有系统性,不易识别且容易遗忘。在开始时,她感觉很有兴趣,但随着时间的推移,她觉得要学的汉字无穷无尽,令人疲劳。在学习时,迪蕾沙喜欢记住汉字的音符和义符,认为多数情况下能帮助记忆。此外,她喜欢看带字幕的中文电影,而且特别爱使用微信跟中国朋友聊天,但是不喜欢反复抄写汉字,也没有明确的汉字学习计划。在课堂上,她特别依赖教师的讲解、示范和归纳,即使老师使用的是非常传统的教学方法。与其他学习者不同的是,她还特别重视笔顺的学习。迪蕾沙觉得学习汉字的第一学期进步

最快,因为那时候写得多,但之后她发现在日常生活中,打字的机会远比写字要多,因此写汉字能力的进步放缓了。她给其他学习者的建议是:必须有“汉字很难”的心理准备,学好笔顺,并且把每个汉字写上“很多很多次”。可能的话,要在日常生活的情景中学习汉字(地铁站牌、市场标签、与朋友微信聊天等)。

(5) 名字:罗伯特,性别:男,年龄:20,国籍:波兰

罗伯特是汉语系本科二年级的学生,他在班里不是最活跃的,给老师的印象不深,但其实学习上却没有太大的困难。他的口语表达流利,读写方面也没有什么问题,考试成绩在欧美学生中几乎是最好的,可以轻松应对所有的汉语类课程(尽管他表示阅读课这样生词量大的课对自己还是一个挑战)。在所有6名受访者中,他的汉字掌握情况是最好的,认和写的能力也很均衡。他表示自己喜欢学习汉字,因为汉字是汉语的特点,他觉得学习起来是一种“爱好”,很有成就感。他觉得汉字很难,最难的部分是“一直要复习,一直要写,不然就会忘记怎么写”。他自己的学习方法是“上课时多写,课后复习时也多写多练”。他几乎不去学习部件的意义,也很少通过课外阅读或者看中文电影学习。他不会制订专门的汉字学习计划,但是上课时,不管是在生词表以内还是以外,凡是有不认识的汉字他都会在笔记本上写下来。他不太依赖老师的教学法,只是偶尔觉得解释汉字理据的小故事有意思,但对于flash动画、汉字游戏这样生动的教学方式和听写这样的传统方式,他都没什么兴趣。罗伯特觉得汉语的听说和读写能力是可以彼此独立的,但是他自己的追求是“两方面都好”。与其他学习者不同,他感觉自己的汉字水平在二年级比一年级提高得更快,因为二年级的课程难度增加了,生词多了,而他自己“其实挺努力的”,因此反而学得更多。他给其他学习者的建议是反复读写汉字,他自己在开始的时候曾经每天把新学的汉字反复抄写30次,第二天再默写同样的次数。这是他自己的方法,并没有跟其他同学交流过。他觉得自己的汉字水平超过大多数欧美同学的根本原因是“有兴趣”。

(6) 名字:萨哈,性别:女,年龄:23,国籍:伊朗

萨哈也是汉语系本科二年级的学生,他和同龄的丈夫在一个班上学习。也许是文化的关系,和主动积极的丈夫相比,萨哈显得内向,不太爱交际。她的口语能力还不错,可以说得很流利,但是声调不标准。她的汉字读写水平最初不错,但是进入二年级后进步有些停滞,朗读课文这样的简单任务对她来说并不太容易,精读考试的成绩也没有及格。她表示喜欢学习汉字,但

是汉字学习很难，因为总量很多，需要每天书写，否则很快就忘了。萨哈觉得学习汉字的好方法就是每天抽一定时间写。她觉得从文化传统上，伊朗的学生应该是刻苦而且尊敬老师的（和西方同学不一样），因此她倾向于“给予很大压力”的老师。她喜欢通过字幕电影或者跟中国人交流来学习汉字。比较特别的是，她认为目前的课时量太大，使得她没有足够的课余时间来自学汉字。精读课最好能跟日韩学生分开上，因为进度差别特别大。她喜欢老师讲解部件的意义和文化内涵，觉得进入二年级后这一形式变少了非常可惜。萨哈认为汉字水平提高了一定会从整体上有益于汉语学习，但进步最快的还是刚开始的时候，因为当时有充足的精力与时间。她给其他学习者的建议是“每天写，哪怕1分钟也好”。她表示和学习语法需要有专人辅导不同，汉字完全可以“自己解决”，前提是有“足够的时间和精力”。

8.3.2 对关键信息的编码与分析

访谈文本完成转写后，两位研究者利用 Atlas. ti 软件对其中的关键信息（如“汉字很难”“好的教师很重要”等）进行编码。在校对、归并有关编码后，共形成63条有效编码。其中，总共呈现3次及以上的编码如表8-1所示（编码以呈现次数降序排列）：

表8-1 关于汉字学习的访谈编码总表

编码	慢容	苏菲	友锐	迪蕾沙	罗伯特	萨哈	总计
依靠反复抄(默)写	2	4	3	3	6	4	22
好的教师有帮助	2	0	0	3	0	4	9
学会汉字可以帮助提高汉语水平	1	2	3	2	0	1	9
学习需要努力	0	4	0	0	0	5	9
写比认难	1	2	1	2	1	1	8
汉字很难	1	0	1	2	1	1	6
容易遗忘	1	0	0	2	1	2	6
无明确学习计划	1	1	1	1	1	1	6

续表

编码	慢容	苏菲	友锐	迪蕾沙	罗伯特	萨哈	总计
和母语者（口头）交际有助于学习汉字	0	0	1	3	0	1	5
集中学习的第一年进步最快	1	1	1	1	0	1	5
讲解理据有效	0	1	1	1	2	0	5
笔顺很重要	0	1	0	3	0	0	4
汉字易混淆	1	1	1	1	0	0	4
记住偏旁有用	0	0	1	3	0	0	4
通过阅读、看电影来学习有效	1	0	0	2	0	1	4
喜欢学汉字	1	1	0	0	2	0	4
汉字有意思	1	1	0	0	1	0	3
难写因为笔画多	1	1	1	0	0	0	3
难学因为汉字太多	0	1	0	1	0	1	3
喜欢文化内涵	2	0	0	0	0	1	3
学习汉字很重要	0	1	0	1	1	0	3
主要靠自学，不靠老师	0	0	1	0	0	2	3
字幕太快	1	1	1	0	0	0	3

我们并不急于对学习汉字成败的关键因素得出结论，因为上表8-1和8.3.1部分的文本中，我们发现了几位学习者存在一个明显的分歧，即对教师及其教法的依赖程度。罗伯特、友锐、苏菲三位受访者对教师依赖程度很低，相反慢容、迪蕾沙和萨哈三位却反复提及“好的教师很重要”。在关于“学习风格”的研究中很容易为此找到理论依据。比如，可以用较传统的“场独立/场依存”对立来区分上述学习者。“场独立”的学习者一般被认为喜欢在学习过程中独立自主地寻求答案，而“场依存”的学习者更喜欢在集体和社会环境中学习（Chapelle & Green，1992）。如果用更新的理论诠释，则可以参照 Willing（1987）提出的分类法，将后一类学习者归入“权威导向（authority-oriented）”的学习风格。鉴于对于学习风格的定义和分类存在很多争议（Ellis，1994），我们姑且使用“独立型”和“依存型”这两个临时的名称来区分上述二者。可以确定的一点是，学习风格和学习结果之间并没有显著的相关性。通过询问任课教师和查阅成绩的方式，我们可以确定两种学

习风格都有成功的学习者(罗伯特和慢容),也都有接近于失败的学习者(苏菲和萨哈),这与之前的很多研究结果一致(Doughty & Long,2003)。现将这两类学习者的情况分列如表 8-2 所示(只列出呈现 3 次或以上的编码,学习者由左至右按水平高、中、低排序,带 * 号的为两组共有的编码):

表 8-2 独立型和依存型学习者心目中学习汉字的关键信息对比

独立型学习者

编码	罗伯特	友锐	苏菲	总计
依靠反复抄(默)写 *	6	3	4	13
学会汉字可以帮助提高汉语水平 *	0	3	2	5
讲解理据有效	2	1	1	4
写比认难 *	1	1	2	4
学习需要努力 *	0	0	4	4
无明确学习计划 *	1	1	1	3
喜欢学汉字	2	0	1	3

依存型学习者

编码	慢容	迪蕾沙	萨哈	总计
好的教师有帮助	2	3	4	9
依靠反复抄(默)写 *	2	3	4	9
容易遗忘	1	2	2	5
学习需要努力 *	0	0	5	5
汉字很难	1	2	1	4
和母语者(口头)交际有助于学习汉字	0	3	1	4
通过阅读、看电影来学习有效	1	2	1	4
写比认难 *	1	2	1	4
学会汉字可以帮助提高汉语水平 *	1	2	1	4
笔顺很重要	0	3	0	3
集中学习的第一年进步最快	1	1	1	3
记住偏旁有用	0	3	0	3
无明确学习计划 *	1	1	1	3
喜欢文化内涵	2	0	1	3

8.3.3　初步结论

（1）分类的编码统计揭示了独立型和依存型的学习者在学习汉字时有着很大的不同。但无论是分类还是综合的统计，都显示学习者认为汉字学习是汉语学习的不可缺少的一环，需要格外的努力才能成功，而反复的抄写、默写是全体学习者公认的最有效的学习方式（也是学习者提到最多次的关键因素）。在汉字的学习中似乎没有捷径可以走。

（2）全体学习者都认为写汉字要比认汉字难，但几乎所有人都没有想过制定明确的汉字学习（进度）计划，最优秀的学习者也仅仅能做到尽量掌握课本中出现的新汉字。这意味着教学的设计者需要在大纲和教材的设计方面多下功夫。

（3）独立型的学习者在学习中不太依赖教师及其教学法设计。他们的学习方式非常单一（依靠抄写、默写），很少有意识地去分析汉字在音、形、义方面的特点和难点，唯一重视的是汉字理据的解释，因为这可以帮助他们更有效地掌握汉字。他们的学习动力来自对学习汉字的兴趣，而这种兴趣又似乎是来自学习本身的成就感。

（4）依存型的学习者非常依赖教师。他们对汉字的特点和学习难点会有比较细致的自我分析。他们认为汉字总体上很难，容易遗忘，尤其是在学习的新鲜感过去后会有一种心理上的疲劳感，使得汉字水平的进步放缓。要学好汉字，部件、笔顺、文化内涵等传统上受到关注的要素都应该重视，而这些要素的处理很依赖有经验的教师。虽然反复抄写是学习汉字的主要方式，但是这一类的学习者会主动地在日常生活中寻找阅读、看字幕电影甚至发微信这样的方式来练习使用汉字，也更愿意通过同中国人交流来掌握汉字。

（5）学习者似乎都明白汉字的总数多、笔画数多、结构复杂等特点是其难学的原因，但是他们都没有把对这些要素的妥善处理看作是学习成败的关键。

8.3.4　三角互证

质性研究面临的最大的挑战始终是其结论的普适性（generalizability）（Duff，2008）。本研究虽然采用了多案例的方式，但如果将 6 人次视作定量研究的样本容量，那么它的普适性显然是值得怀疑的。因此我们尝试利用书末附录所列问卷的结果来侧面佐证 8.3.3 部分的结论。该问卷针对 58 名学习汉语的初级欧美学生发放，问卷的提问形式为 11 个 6 度里克特(Likert)量表选择题。如果两种研究方法所得的结论具有一致性，那么我们基本可以推断质性研究所发现的结论是可信的。当然，我们的一个重要预期是：两者的发现可能会不尽相同。个案研究所发现的独有的结论可能是因为方法论的不同造成的。这些结论如果在将来被发现不可靠，我们可以用来检视质性研究方法的缺陷，但若是可靠的，则可以体现质性方法的独特优势。

问卷针对上述 5 点结论设计，共 11 个 6 度里克特选项，每题均分如表 8-3(n=58)所示：

表 8-3 配套问卷(三角互证)的每题均分

题号/内容	1. 汉字难学	2. 学汉字重要	3. 有明确计划	4. 反复认读	5. 反复抄写	6. 分析读音
均分	4.6207	5.0690	4.1379	5.0172	4.8793	4.2759
标准差	1.0895	1.0063	1.1309	.9079	1.0101	1.0562
题号/内容	7. 分析字形	8. 分析理据	9. 分析文化内涵	10. 在生活中学习	11. 教师很重要	
均分	4.3448	4.3276	4.1724	5.2414	5.0345	
标准差	1.1780	1.3814	1.3395	1.0141	1.0424	

从原始分值看，1—11 题的均分全部>4，说明学习者对问卷所提的全部描述都持肯定的态度，即他们赞成一般人(尤其是教师)认为的几乎所有有助于汉字学习的方法。将属于“学习方法”范畴的 4—10 题共 7 项分别与 4—10题均分进行配对样本 t 测试，发现有三项方法的得分显著高于均分，依次为“在生活环境中学习汉字有用(t=6.157)”“反复认读有助于学习汉字(t=3.577)”以及“反复抄写有助于学习汉字(t=2.065)”。其余四项“掌握汉字文化内涵(t=−3.291)”“分析汉字读音(t=−3.054)”“掌握汉字理据(t=−2.232)”“分析汉字字形(t=−2.190)”则显著低于均分。

如果以第 11 题的打分作为区分学习者类型的标准，将打分<=3 的学习者归为独立型，而将打分>=4 的归为依存型学习者，则发现在这个样本中，独立型的学习者仅 5 人，依存型的多达 53 人，以此变量作为因子，对 3—10题进行单因素方差分析，得到如表 8-4 所示的结果：

表 8-4　以学习者类型为因子的各项学习方法的单因素方差分析

题号	3	4	5	6	7	8	9	10
F 值	1.243	2.600	2.542	2.291	3.686	9.892	4.445	6.307
显著性	.270	.112	.116	.136	.060	.003**	.039 *	.015 *

结果发现两类学习者在制订学习计划及评价反复读写和分析读音方法方面无显著差异，而对其他方法，依存型学习者的打分明显高于独立型学习者。

将以上结果和本文的 5 个初步结论对照，发现得到验证的结论是：

结论(1)：全体学习者认同反复抄写是最有效的学习手段。反复认读、反复抄写作为学习者评分最高的手段，证明汉字学习无捷径可走。若以学习风格(对教师的依赖)区分学习者，则在自然人群中也许依存型的学习者远多于独立型。

结论(3)和结论(4)：表 8-4 的结果证明依存型的学习者比独立型的学习者使用更为多样的学习手段。后者主要依赖于反复的认读与抄写。两类学习者对分析汉字读音的评分无差异，但都打分较低。

结论(5)：表 8-3 的结果证明学习者对反复认读、反复书写的认同远高于对汉字字形、字音、理据、文化内涵的精细化处理。

与个案研究的结论有出入的部分主要是：

关于结论(2)：似乎大部分学习者在问卷中还是倾向于表示自己有比较明确的汉字学习计划，尽管该项的平均打分在各题中是最低的(4.1379)。

8.4　结果与讨论

8.4.1　关于汉字学习

过去我们希望能依靠提高汉字加工水平(分析精度)来帮助汉字学习，个案研究的结果并没有否定这些手段的有效性，但却发现这些或许并非最关键的因素。学习者普遍把汉字学习的成功归因于“努力”，认为最有效的学习手段是反复认读和反复抄(默)写。失败的学习者往往不是不重视汉字学习，而是无法持之以恒。但“努力程度”的提高无法单纯通过改善教学设计来实现，恐怕今后汉语教师要更多地从情感角度入手使初学者保持学习汉字的热情。这一结论看似缺乏新意，但却能在理论和实证研究方面得到支持。Ellis(2002)提出,不同文字系统的习得难度尽管存在差异(字符一语音关联较强的文字体系易于习得),但都对频度十分敏感,拼音文字系统(尤其是音一形对应较为固定和直接的文字)之所以容易习得,是因为较高的“类型频度(type frequency)”在起作用。这已经被大量的实证研究所证实。(Landerl, Wimmer & Firth, 1997; Goswami, Gomber & de Barrera, 1998; Öney & Durgunoglu, 1997)这一理论不仅能用来解释汉字习得中的频率效应(多读多写的意义),同时还能说明在教学中提高汉字加工水平(如分析偏旁和结构方式)的价值。(Shen & Ke,2007)

我们的个案研究再次证实,“好的汉字教学”的核心是“提高汉字分析精度”,但好的教学设计可能只对一部分(依存型)学习者有效,而这部分学习者还倾向于依靠日常生活中可见的“活的”汉字来学习,倾向于字幕电影、手机 App 等新鲜的形式,倾向于在同中国人的口头交际中学习汉字。相对于提高汉字本身的分析精度,妥善利用这些手段也许更能起到立竿见影的效果。独立型的学习者则采用相对单一的学习手段,即反复认读、书写汉字。容量为 58 人的样本分析显示依存型学习者或许比独立型更多,但我们认为,实际的差距应该没有 53∶5 那么显著,具体原因在下一节分析。

8.4.2 关于研究方法

质性研究的方法在国内的二语习得界还是一个新鲜事物,即使是在国外,推崇质性研究的芝加哥学派和推崇定量研究的哥大学派也曾在 20 世纪 60 年代发生论战并以后者的胜利告终(据 Duff,2008)。但从本研究的情况来看,质性方法显示了其独特的优势。首先,定量分析,无论是实验研究、数据库研究还是问卷研究,都必须有一个明确的预设框架,只能证明框架内的假设成立与否,而质性研究却能取得一些意外的收获。比如,本次个案分析通过对编码复现率的观察,发现“反复抄写”竟然是学习者最有效的学习手段,在之前的定量研究的预设中,研究者往往会因为忽略这些意外因素而错过重要的结论。因此,质性研究非常适合作为大型定量研究的前导,利用其“发现型”的特点,确定更合理的研究框架。其次,质性研究体现了对个体的尊重。以本研究配套的问卷为例,这种研究方式实质上是把 58 名学习者作为一个整体来对待的,无论选项的选取比例如何,最后无非是验证某一假设的“真”与“假”,但个案研究却能比较容易地发现学习者的个体差异(如依存型和独立型的学习者在学习风格上有着巨大的不同)。再次,传统的问卷型研究还存在着"社会称许性偏见效应(social disirability bias)"和"自我欺骗效应(self-deception)"的问题,即调查对象往往为了迎合社会普遍认同的标准,而在填写问卷时有意无意地歪曲自身的实际情况和感受。(Dörnyei & Taguchi,2009)。比如,第3题"我有明确的汉字学习计划"与质性访谈的结果就有明显的出入。又如配套问卷的第11题(教师指导对学习汉字有重要作用)也容易引发此效应。由于问卷是由教师在课堂中发放的,因此有理由相信受访者在该题填写"赞同"的可能性会超过其真实的感受(尽管这可能是无意识的)。而实际上,在这58名受访者中,独立型的学习者的比例应该远高于这套问卷所反映的5/58。这类问题是问卷调查本身难以克服的,而在质性研究中,由于研究者能和研究对象进行深入的交谈,能够与之建立更加亲切坦诚的关系,更容易获得真实的数据反馈,最终大大增强研究数据和结论的信度。基于以上的因素,我们认为虽然质性研究的结论严格意义上必须借助三角互证来确保信度,在程序上略显烦琐,但这一类的结论往往既有创新性,又能与认知心理学派所采用的定量研究的结果互相参照,在某些应用领域(如教学中)也许能更有的放矢地指导解决问题。

第九章　外国人汉字习得的认知心理学解读

［本章思维导图］

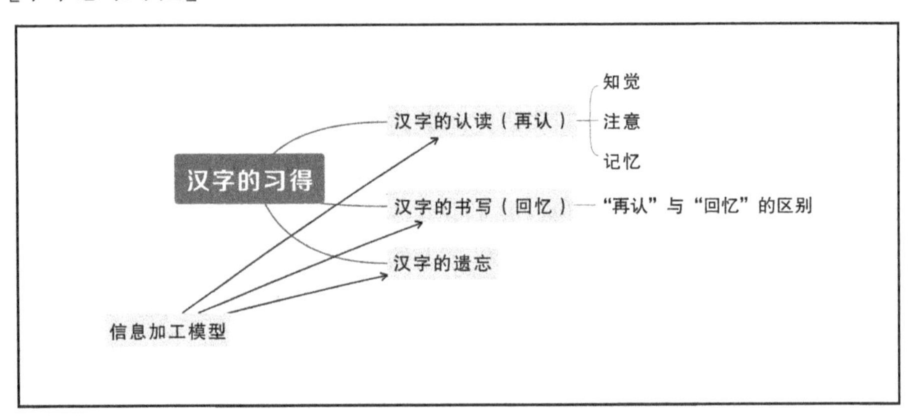

9.1　关于汉字认知的心理学解释

在第三章，我们总结了目前的汉字习得研究，将其大致分为(1)汉字自身的各类属性与汉字习得的关系，(2)学习者因素与汉字习得的关系，(3)教学法因素对习得的影响，(4)留学生汉字习得的发展过程，(5)学习者的学习策略等方面。而在本书第五、六两章，通过建立"外国人汉字习得数据库"，我们用量化的、纵向的、连续的方法研究了汉字自身的属性与习得结果之间的多种关系，此外，还通过问卷(第七章)以及质性研究(第八章)的方法，探索了学习者对汉字学习的主观感受。我们认为，学界对于外国人的汉字习得，从现象上已经有了较为全面的把握。然而，汉字学习作为一种"学习"的过程，有必要从心理学角度对其内部机制进行解读，这样才能对种种现象做出系统性的归纳，也才能在把握难度成因的基础上，为克服"汉字难学"这一关键性问题做好准备。

事实上，心理学界对汉字的认知问题，已经有了丰富的研究。彭聃龄(2006)曾将该领域关于汉字认知的研究归纳为：(1)汉字的视知觉，(2)汉字

(形声字)的读音及语音在阅读中的作用,(3)汉字的语义提取及语义在字词识别中的作用,(4)语境与字词识别四大方向,介绍了大量有关文献。然而,心理学界进行此类研究的被试一般是汉语母语者,目的主要是通过对汉字认知的研究探索认知科学的一般规律,这与应用语言学界以非汉字圈汉语学习者为客体,希望能运用认知原理解释外国人学习汉字的一般规律的取向不太一致。

因此,9.2 部分将基于本课题组以及其他学者的已有研究,全面系统地归纳汉字习得作为一个既是过程又是结果的考察对象,在汉字属性因素、学习者因素以及环境因素共同影响下的特性,而在 9.3 部分,我们将运用认知心理学在知觉、注意、记忆等方面的一般原理对上述现象进行解读,以深入地认识外国人学习汉字的全过程和难点成因,以供有关人员在改进汉字教学时参考。

9.2　汉字习得的一般规律

如 9.1 部分所说,目前对于汉字习得的研究基本上可以分为汉字属性影响、环境因素(广义,包括教学法因素)影响、学习者因素影响三个方面,而较深入的研究不仅将汉字习得作为一个结果来处理,也同时注意它的发展过程,因此可以将汉字习得的发展过程看作是该研究领域的第四个方面。

汉字自身属性对习得的影响的研究最为丰富。目前得到重复验证的结论有:

(1) 字频(尤其是在教材中呈现的字频)与习得结果呈现显著正相关。(本书第五章;江新,2006)

(2) 笔画数与习得结果呈显著负相关。(本书第五章;冯丽萍,2002)

(3) 部件数多的汉字更难掌握。(冯丽萍,2002)

(4) 汉字的结构方式对于习得效果有显著影响。在独体、左右、上下、包围(包括半包围)四种结构中,独体字最容易掌握,左右结构的汉字最难掌握,但左右对称的汉字则容易掌握。(本书第五章;尤浩杰, 2003)

(5) 汉字的义符(或者说理据性)能帮助习得(本书第四章;李俊红、李坤珊,2005),从造字方式的角度解释,基本规律是表意性(包括义符组合的表意性)越显著的习得效果越好(本书第五章)。

(6) 形声字是最难习得的一类汉字。(本书第五章)

（7）中级以上的学习者能够利用形声字的声旁来识别形声字，声旁表音度越高、本身能独立成字则帮助越大。（冯丽萍，2002；陈慧、王魁京，2001）

（8）汉字的构词能力与习得效果呈正相关。（本书第五章；江新，2006）

关于环境因素对习得影响的研究结论有：

（9）若将汉字习得放在一个完整的汉语学习环境中观察，可以发现对汉字的掌握向上同整体的汉语听、说、读、写水平，向下同单个汉字的部件掌握精细程度都显著相关。（本书第四章；陈慧、王魁京，2001）

（10）按传统看法，好的教学法一般指向上对于汉字音、形、义三方面信息及组词能力的全面利用，向下对于汉字构成（笔画、笔顺、部件）的详细分析，它能对汉字习得起到促进作用，但需要时间的保证。（本书第八章；朱志平、哈丽娜，1999）

（11）单位时间（如每课）要求掌握的汉字过多会影响学习效果。（本书第五章）

关于汉字习得发展过程的研究结论有：

（12）学习者的汉字认读情况与书写情况显著相关，但前者始终明显优于后者。（本书第五章；江新，2007a）

（13）在汉字学习的较早阶段（大约6～9个月），学习者掌握汉字的总量增加，但在单位时间（或阶段）内能掌握的汉字数量（即增量）减少，后期则增量逐渐持平。（本书第五章）

（14）在教学设计要求掌握的新汉字中，学习者无法认读和无法书写的比例先随时间推进逐渐增加，而后逐渐趋平。（本书第五章）

（15）认读错误的比例随时间推进以平一升一降的趋势变化。（本书第五章）

（16）写错字的比例随时间推进也以平一升一降的趋势变化。（本书第五章）

（17）写别字的比例至少在第一年内是持续上升的。（本书第五章；江新、柳燕梅，2004）

（18）别字的类型随时间变化，由形近别字逐渐转向音（同）近别字，最后出现的则是形、音都有关联的别字。（本书第五章）这可能是学习者获得形声字的声旁意识后导致的。（江新，2001）

从汉字学习者自身出发的研究结论有：

（19）学习者普遍认为汉字很难，但都很重视汉字的学习，而且大都均衡

地重视“认”和“写”两个方面。（本书第八章）

（20）学习者对于学习汉字所需要的长时间普遍准备不足。只有坚持长时间不懈怠的学习者才能够得到成功。（本书第七、八章）有一部分学习者的汉字水平在经历大约6个月的学习后止步不前。（本书第五章）

（21）学习者基本没有明确的汉字学习计划，也较少主动采用音、形、义的归纳等较高级的学习策略。（本书第八章；江新、赵果，2001）

（22）在学习过程中使用较高级的学习策略是有效的，而且也是能够通过训练获得的。（柳燕梅，2009a，b）。

（23）似乎决定汉字习得成败的关键因素是长期坚持努力，最有效的手段是反复地抄、默写。（本书第八章）回忆默写也许比重复抄写更为有效。（柳燕梅、江新，2003）

（24）学习者的认知风格导致不同的汉字学习方式。独立型的学习者较少依赖教师和教学法设计，而依存型的学习者则更容易受到教学法因素的正面影响，而且他们还倾向于在真实环境中学习汉字。两类学习者都可能获得成功。（本书第八章）

上述24条能够基本涵盖目前我们所掌握的外国人汉字习得的规律。接下来，我们将把这24条规律放在认知心理学的整体框架中加以观察和解释。[①]

9.3　汉字习得规律的认知心理学解释

在将上述24条规律放在认知心理学的框架中逐条解读之前，我们首先要考虑的是，汉字习得作为一种“学习”，它的整体心理学模式是怎样的。

如果把外国人学习的“字”作为一级语言单位，那么势必会涉及字音、字义、字形以及语素等语言学概念（比如，认为知道音节“jī”可以代表“chicken”但不会写“鸡”字也代表着掌握了该“字”的一部分），会使问题趋向复杂化。在这里，我们采用一种更直观、更朴素的标准来衡量汉字的“习得”与否，即作为学习者，对于应该掌握的汉字，无论采用何种途径学习（或未特意学习），在或长或短的时间之后，能否具备认读（有上下文或无上下文）以及自主书写（非抄写）的能力。也就是简单地用能否认字、写字作为衡量习得成

① 为简洁起见，在行文时我们将用序号代表每条规律，如“规律（1）”。

败的标准。这实际上也是过去的汉字习得以及认知研究采用的默认标准。

这样，我们就可以用认知心理学关于人类学习的一般框架来描写汉字学习的过程，比如，使用 Atkison & Shiffrin(1968)提出的人脑信息处理流程图：

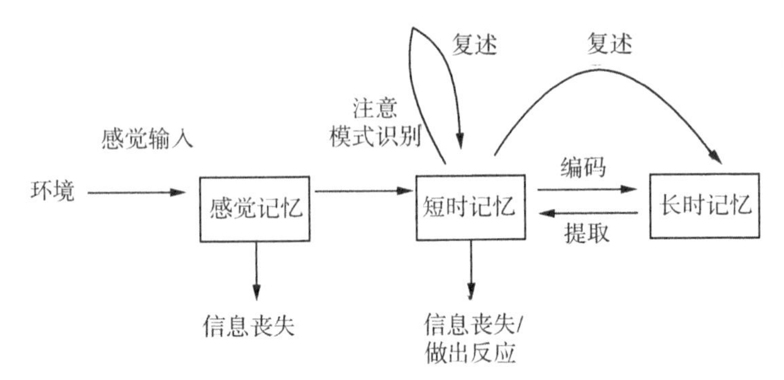

图 9-1　Atkison & Shiffrin(1968)提出的人脑信息处理流程图

我们既可以用这一流程图解释汉字的学习（信息输入和存储）过程，也可以用其解释汉字认读和书写这两个信息提取（或者说检验学习结果）的过程，当然，这 3 个过程中牵涉的心理机制有所不同，我们需要相应地对此流程图进行局部的修改和说明。

9.3.1　汉字的学习

首先需要给此处所指的“学习”下一工作定义。在这里我们用它指代学汉字的过程，而与后面提到的强调学汉字的结果的“认读”和“书写”（心理学称之为“再认”与“回忆”）加以区别。

9.3.1.1 汉字的知觉与注意

一个典型的汉字教学（也包括自学）过程一般从汉字字形的展示开始。对学习者（尤其是初学者）而言，字形作为视觉形象，其承载的信息是十分丰富的。首先，若对汉字进行向下的分析，会发现其字形构成复杂：笔画数从 1 画至 15 画以上各不相同，笔画种类超过 10 种，笔画之间的关系有相接、相交、相离等多种；常用义符数以几十计，音符数以千计，且有很多“只此一家”的部件，部件数从 1 至 5 个以上不等，部件之间的结构关系用最粗略的分类法也有独体、上下、左右、包围 4 种，且大部分汉字左右不对称。其次，若进行向上的分析，汉字虽能整齐地与最小音义结合体“语素”一一对应，但作为非汉语母语者，对于该语素的掌握，往往并不能达到母语者所具有的完全自动化的地步；而汉字的字形又不像拼音文字那样直接（至少是较直接）记音，与字义的直接关联在初期又很难建立起来。总之,汉字音、形、义之间的关系本身对学习者就是一种全新的架构。这样,学习者可能会面临来自形近字、同音异形异义字以及共同构词语素(如可能将“习”认为“学”)等多方面的干扰。这“向下”和“向上”两个方面的复杂性在初期会使汉字学习成为一个很复杂的信息处理过程,那么就有必要先分析“知觉”和“注意”这两个环节,也就是人脑如何感知上述纷繁复杂的汉字信息并关注其中的关键信息。

如图 9-1 所示,认知心理学认为全部来自环境的输入信息都能进入感觉(瞬时)记忆,而为了防止过多的有用信息从感觉记忆中丧失,人脑会利用内部的知识结构,如一般的知识经验、对事物的态度以及对活动的预先准备等主体因素来对外部的刺激进行分析和接纳(Dember & Warm,1979),使之进入短时记忆。无论是对于新汉字的知觉还是其他类型的知觉,“模式识别(pattern recognition)”(即利用直接或间接的知识经验进行识别)无疑是最重要的研究对象。

认知心理学把模式定义为由若干刺激元素组成的一个有结构的整体,把人类的模式识别前后分为感觉登记、知觉的分析与综合、语义分析与综合、决策与核证 4 个阶段(彭聃龄、张必隐,2004),这同样适合用来描写汉字的识别。对于新接触的汉字,学习者的视觉感知在不同学习阶段可能分别是从笔画、部件或者整字开始的。但无论是对于笔画、部件还是整字,学习者头脑中从“感觉登记”到“决策与核证”的过程都能用几个经典的模式识别理论加以解释。

比如,Selfridge(1959)提出小妖模型(pandemonium model),认为识别以特征分析为基础,他用图像妖(image demon)、特征妖(feature demon)、认知妖(cognitive demon)和决策妖(decision demon)来比喻模式识别的四个阶段,即获得物体的图像、分析它的特征、在更高水平上产生对事物的认知、做出正确的决策。Hubel & Wiesel(1962)以及 Neisser(1964)的研究分别从生理学和心理学角度对该模型提供了支持。使用特征分析理论,我们可以解释汉字习得规律(2)“笔画数越多则习得难度越高”,以及规律(3)“部件数多的汉字更难掌握”,因为二者都需要分析更多的特征。

Treisman, Sykes & Gelade(1977)提出注意的特征整合理论(feature-integration theory of attention),把视觉加工分为两个阶段。第一阶段是特征登记阶段,视觉系统从光刺激中提取特征,其过程是一种平行的、自动化的加工过程。第二阶段是特征整合阶段,它要求集中性注意。注意依次处理每个位置的刺激，那些位于注意中心或注视点的特征便会联合起来。这是一种非自动化的、序列的处理。我们可以用这个理论来解释汉字习得规律(4)“不同结构的汉字习得难度不同”。汉字采用从左向右的阅读方式，若汉字特征的整合是“序列”而非平行的，似乎就可以解释为何左右结构的汉字的习得最为困难，因为它需要更多的加工步骤。

McClelland & Rumelhart (1981)提出了相互作用激活模型(interactive activation model)并由他们自己在1986年通过实验证实。该模型主要处理在语境作用下的字词知觉。它认为知觉加工发生在一个分层次的加工系统中，每个层次都形成具有不同抽象水平的输入表征，知觉本质上是一个相互作用的过程，即自上而下的加工与自下而上的加工同时起作用，通过复杂的限制作用共同决定我们的知觉，不同来源信息的相互作用通过类似于神经元的简单的兴奋激活与抑制激活来实现。比如，我们可以用图9-2来表示汉字的知觉加工。

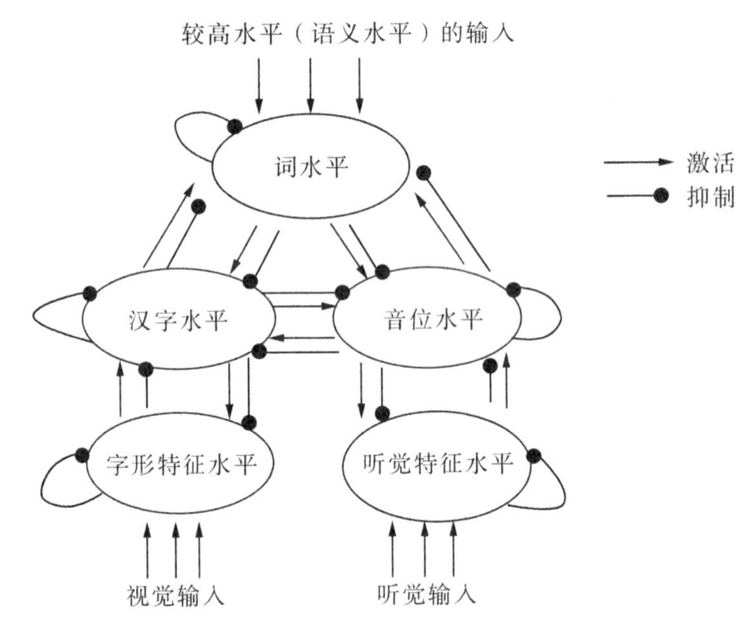

图9-2　汉字信息的相互作用激活模型示意图

如图9-2所示，在学习过程中，对于以视觉形式呈现的新汉字，学习者借助用来学习的却不只是直接观察到的字形特征信息。教师介绍的汉字读音、讲解的部件结构及含义、与已学汉字进行的对比分析、利用该汉字进行的组词练习，都可以视作一种对能够相互激活的信息群的构建，它允许学习者将来即使对该汉字的信息掌握中存在小部分的缺失（比如，忘记读音），仍有可能通过接受其余部分的信息输入而激活汉字水平的信息，从而实现对该汉字的认读或者书写。

利用这个模型，我们可以解释汉字习得规律（5）“对义符的掌握能帮助汉字习得”，因为部件理据性提供了有效的激活信息。由于形声字的声旁意识建立相对较晚（中级水平的学习者才具备），这也可以解释规律（6）“形声字最难习得”，因为这一激活信息在初期并不具备（在图 9-2 中，初学者并不具备音位水平信息和字形特征水平信息之间的激活抑制联结）。它也能很好地解释规律（7）“声旁表音度越高、本身能独立成字则对习得帮助越大”和规律（8）“汉字的构词能力与习得效果呈正相关”，这两者的本质都是提供了更多字词识别的激活信息。

再从宏观的教学角度进行分析。相互作用激活模型可以解释规律（9）“汉字的掌握向上同整体的汉语听、说、读、写水平，向下同单个汉字的部件掌握精细程度都显著相关”以及规律（10）提到的“教学界公认的好的汉字教学方法”。也就是说，汉字的识别符合心理学认为的人的模式识别受到知识表征（representation of knowledge）影响的观点，不仅存在自下而上的加工，也存在利用情境（context）的自上而下的加工。

参考上述 3 个模型之后，我们需要注意的更重要的事实是：心理研究已证明，人们的模式识别能力是具有可学习性（或者说可训练）的，汉字学习者通过持续的学习不仅能掌握更多的汉字，也在无形中提高了汉字的识别能力。这又从另一角度说明了优秀的教学设计和教师引导对于汉字学习的重要性[汉字习得规律（10）、（21）和（22）]。此外，模式识别还受到多种非认知因素的影响，如动机（Wispe & Drambarean，1953）、价值与态度（Bruner & Goodman，1947）、情绪（McGinnies，1949）以及认知风格[如 Witkin 等人 1954 年的研究，同时在我们列举的汉字学习规律（24）“不同认知风格学习者用不同方式学习汉字”中得到证实]。这些往往是教师或者学习环境能直接影响和改变的要素，在大环境往往赋予学习者“汉字难学”这一潜在观念的背景下[见汉字学习规律（19）]，汉字学习的困难从知觉阶段就开始体现，如何从情感方面积极地引导学习者去克服困难，如何针对不同风格的学习者设计不同的教学方式，是每个教师必须考虑的问题。

与知觉阶段汉字信息处理相关的另一个研究领域是“注意（attention）”。它指意识对客体活动的指向性与集中性。认知心理学认为人的认知系统受到通道容量的限制，人只能从各种感觉信息中选择少量的重要信息进行知觉加工，然后再选择某些信息保存在记忆中。初学者接触的汉字信息，如前文所述，包括各个层级的字形特征信息、各个层级的音义信息、汉字对应语素的构词信息等，这些信息不仅总量大，而且类型各不相同。对于非汉字圈的学习者来说，需要在学习过程中同时注意字形特征、字音特征和字义特征是一个全新的挑战(西方语言的文字体系由于字符数极少，对字形的识别很快就能进入“自动化”状态)。如果采用早期的注意模型，不管是 Broadbent (1958)提出的过滤器模型(filter model)，Treisman(1960)提出的衰减作用模型(attenuation model)还是 Deutsch & Deutsch (1963)提出的反应选择模型(response selection model)，这些量大而类型各异的信息势必会互相干扰，使得学习者“注意”的信息难以满足成功学习的需要，证明汉字学习规律(19)中“学习者觉得汉字很难”是有根据的客观认识。另一方面，既然知觉是可以进行训练的，那么注意的对象和广度应当也能在学习过程中逐步改进以适应汉字学习的需要。这使我们能对汉字习得规律(20)和(23)“汉字学习需要长期坚持才能成功”进行初步的解释。

那么，为何对于成功的汉字学习者以及全体汉语母语者来说，汉字在知觉和注意上的困难就不复存在了呢？这也可以从几个角度进行解释。首先，注意的容量本身并不是固定不变的。Spelke et al. (1976)的实验通过同时进行阅读和听写两种作业的训练，证明注意的容量是可以通过练习提升的。其次，Allport et al. (1972)提出了多重资源理论，即在信息加工系统中存在着多重通道或机制，同类信号占用共同的资源，因此彼此的干扰较大，不同类信号的相互干扰则较小。按照这一理论，听觉意向对听觉信号检测的干扰，大于对视觉信号检测的干扰。这说明汉字的信息承载方式具有充分利用多重信道的合理性，在经过训练后是易于掌握的。最后，Posner & Snyder(1975)通过实验，提出了应区分有意识的注意与自动化加工。前者是以有限的容量为特征的，而自动化加工的容量较大，它的产生是由于过去的学习，其发生是不自觉的，不受当前任何其他心理活动的干扰。Schneider &Shiffrin (1977)提出了类似的主张，只不过他们把有意识的注意称为“受控制的加工”。受控制的加工容量有限，属于序列搜索，但在环境改变时仍能为人们利用，而自动化加工没有容量的限制，属于平行处理，但被掌握后就难以再改进。这一对概念非常适宜解释汉字识别对于初学者和高水平学习者/母语者的差别，它也说明了随着学习时间和汉字知识经验的积累，学习者提升的不仅是掌握的汉字数，也一定包括汉字的知觉能力。

9.3.1.2　汉字的记忆

无论汉字在知觉阶段的情况多么复杂，它最终都必须要在大脑中得以存储（记忆）才能被学习者真正习得。如图 9-1 所示，认知心理学把记忆分为感觉记忆、短时记忆和长时记忆三种。短时记忆和长时记忆的独立存在为 Deese & Kaufman(1957)的对于"首因效应"和"近因效应"的研究所证明。从环境中输入的信息（如汉字信息）经过知觉阶段的处理，进入短时记忆。在 Atkison & Shiffrin (1968)的信息加工模型中，短时记忆有两种重要的功能：(1)它是一种信息加工器，能将来自感觉登记中的信息转换到长时记忆中去；(2)它还能从长时记忆中提取信息并用以处理当前的信息加工活动。因此对汉字在短时记忆中的存储与处理也是一个不能回避的问题。

短时记忆又称工作记忆，被认为是一个工作系统。进入短时记忆的信息可以保存 15～30 秒，如要保持更长的时间，则需要进行"复述"。这可以解释为何在课堂上教师往往采用生词卡片等形式在短时间内反复呈现所教的汉字 。短时记忆的容量是极为有限的。Miller(1956)认为，短时记忆并不会受刺激的物理单位的数目所限制，而是有意义组块（chunk）的限制。短时记忆中所能保持的组块数平均为 7±2。而组块的信息量含量则由人们对所记忆对象的熟悉程度决定。比如，汉语母语者能瞬时记住文本中的连续 7±2 个汉字，而对初学者来说，也许只能是 7±2 个部件或者 7±2 个笔画。

综合上述情况可以发现，即使对于高熟练度的学习者来说，短时记忆仍凸显出容量有限的特点。汉字的学习过程势必要求将对汉字信息的短时记忆转为长时记忆。Craik & Lockhart (1972)提出记忆的加工水平模型(level of processing model)。他们认为，所存储的材料在保持时间方面的差异，并不是被分离的记忆结构的函数，而是由这个单一系统所进行的加工或操作的数量所决定。在这个系统中，有限的加工可能导致一种较弱的代码形式，较多的加工可能会导致较强的代码形式。对于词表中的一个词来说，最初可能仅仅按照它的外形来译码（存在于瞬时记忆中）；如果进一步加工，就有可能转变为语音码，而 Conrad(1964)的研究发现这是短时记忆中占支配地位的代码（视觉码也会转换成语音码）；如果进一步加工，就有可能转变为语义码，而后者是长时记忆中主要的代码形式。Mandler & Ritchey (1977)的实验证明，视觉信息在长时记忆中也以语义的代码保存。

如 Atkison & Shiffrin (1968)所认为的，复述不仅是信息在短时记忆中得以保持的手段，同时也是信息从短时记忆进入长时记忆的主要方式（在图9-1中分别以短弧和长弧表示）。但这两种复述的性质可能有所不同。Craik & Watkins（1973）认为存在维持性复述（maintenance rehearsal）和精细复述（elaborative rehearsal）的区别。前者只能使记忆的对象维持在语音信息的层次，因此并不能长久保存，而后者因为对记忆的对象进行了较深层次的分析，因而能抗拒遗忘，得以长久保存。

Martindale（1991）则主张用神经网络模型来解释短时记忆与长时记忆的不同。他认为，短时记忆是分析器（analyzer）中被激活的节点的持续；而长时记忆则是节点之间的联系强度。如果一些节点被激活的时间足够长，那么，这些节点之间的联系强度将会发生变化，这种变化是从短时记忆转变为长时记忆的机制。

无论是采用记忆的加工水平模型还是神经网络模型，学习者将汉字信息存入长时记忆的方式都是精细复述。这说明好的汉字教学设计[规律(10)]和学习策略[规律(22)]的确具有重要的意义，其实质是对所学汉字的信息进行全面而深入的分析，但同时，更重要的是持之以恒地使用反复抄、默写等传统方法[规律(20)(23)]，因为这才是"复述"这一行为的直接体现。我们认为这是汉字习得成败的关键因素。同时，这也说明为何在学习语境中的字频对汉字的习得有最显著的影响[规律(1)]，因为高字频意味着更多"被动型"复述的机会。

与短时记忆相关的最后一个问题是信息的遗忘。对此有两种对立的观点。一种观点[消退理论(decay theory)]认为信息的遗忘是因为缺少足够的复述，而另一种[干扰理论(interference theory)]认为遗忘是因为信息受到了其他材料的干扰。Reitman（1971）和 Shiffrin（1973）的实验都证明干扰是造成短时记忆中遗忘的主因，具体而言，就是旧经验干扰对新经验的回忆[前摄抑制(proactive inhibition)]，以及新的学习经验干扰对于旧经验的回忆[倒摄抑制(retroactive inhibition)]。这就是为什么在单位时间要求学习者掌握过多的汉字会影响学习的效果[规律(11)]。显然在短时记忆中已被遗忘的汉字很难在长时记忆中建立起可供提取的表征。

汉字的学习过程以新学汉字在长时记忆中得到存储而告一段落。长时记忆的容量被认为是无限的，它的复杂性在于，无论是视觉还是听觉信息，它们在长时记忆中的代码形式很可能都是抽象的语义码（Mandler & Ritchey，1977）。Kintsch & Glass（1974）提出，记忆信息在长时记忆中以"命题表征(propositional representation)”的形式存储，而与所记忆对象相关的全部信息，则组成一个紧凑而有层次的结构，命题所处的层次地位越高，它所表征的意义就越加重要。如“老年男人骑着棕色的马”的图片，可以用以下的命题结构来表示：(1) 这个男人是老人；(2) 老人骑着马；(3) 马是棕色的。可以想象，由于汉字具有如图 9-2 所示的丰富信息，那么它在长时记忆中的表征也一定是复杂而丰富的。如“清”字，它的表征结构也许是：(1) 该字是左右结构；(2) 右边是“青”字；(3) 右边部分代表“qīng”的读音；(4) 右边部分的读音等于整字读音；(5) 左边是“氵”，代表“水”的意类；(6)用这个汉字来描写的“qīng”代表着“清洁”“清楚”“不浑浊”的语素；(7) 这个语素可以和“楚”“洁”“白”等语素组合成词……这种复杂性既说明汉字存储的不易，也提供了一种可能性，即或许学习者并不需要全部的信息才能提取整个汉字，或者说是一种“容错率”。我们会在 9.3.2 部分中具体探讨长时记忆中信息提取的问题。

9.3.1.3　汉字学习的信息处理流程

至此，我们可以用图 9-3 来表示外国人学习汉字时的心理过程：

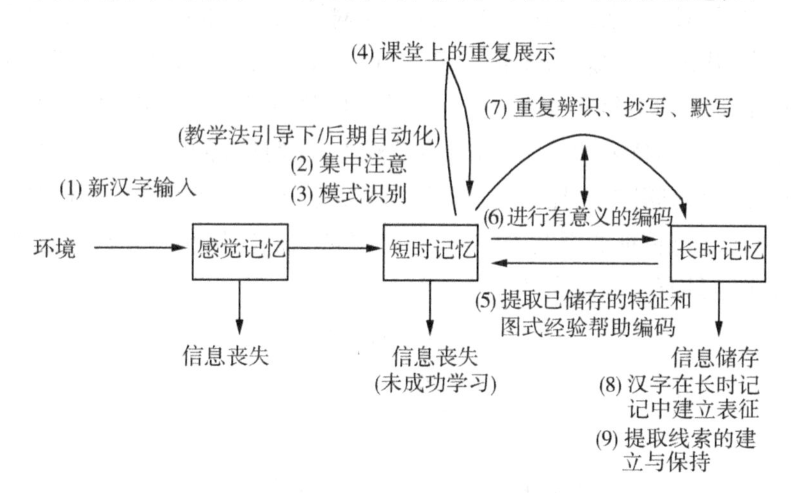

图 9-3　外国人学习汉字时的信息处理流程图

图中步骤(1)—(9)尽量以时间顺序排列，其中每一步的质量高低都影响着学习结果，但如前面所说，我们认为其中最关键的步骤是(6)和(7)的结合，即“精细的复述”。从学习结果出发进行考量的话，或许步骤(7)比(6)的重要性更高。步骤(8)和(9)并不是学习过程的结束，因为完整的汉字习得当然要通过信息的提取来进行检验，这是 9.3.2 部分将讨论的内容。

9.3.2　汉字的认读与书写

至此，我们已经解读了全部24条汉字习得规律中的17条，但是，汉字是否能最终为学习者所掌握，通常要通过认读或者书写的方式来检验。虽然认读和书写的心理过程仍能用信息处理流程图来表示，但其内容与学习过程有所不同。而且，有些汉字习得的现象必须要放在这两个过程中才能解释清楚，比如，汉字习得规律(12)—(18)，尤其是(12)"学习者的认读与书写水平显著相关，但认读情况显著好于书写"。这些现象都与信息在长时记忆中的存储与提取有关，所以下面首先对其进行分析。

9.3.2.1　对长时记忆的进一步分析

研究发现，信息在长时记忆中以语义码为主要的代码，以"命题表征"的形式组成层级结构得以保存。对这种层级结构有多种解释，如Collins & Quillian (1969)提出的语义层次网络模型(semantic network model)。在这个模型中，语义记忆的基本单元是概念，每个概念都具有一定的特征。这些特征实际上也是概念，不过它们是说明另一些概念的。有关概念按逻辑的上下级关系组织起来，构成一个有层次的网络系统，如图9-4所示。图中圆圈为节点，代表一个概念；带箭头的连线表示概念之间的从属关系。例如，"鸟"这个概念的上级概念为"动物"，其下级概念为"金丝雀"和"鸵鸟"。连线还表示概念与特征的关系，指明各级概念分别具有的特征，如"鸟"所具有的特征是"有翅膀""能飞""有羽毛"。连线把代表各级概念的节点联系起来，并将概念与特征联系起来，构成一个复杂的层次网络。连线在这个网络中实际上是具有一定意义的联想。

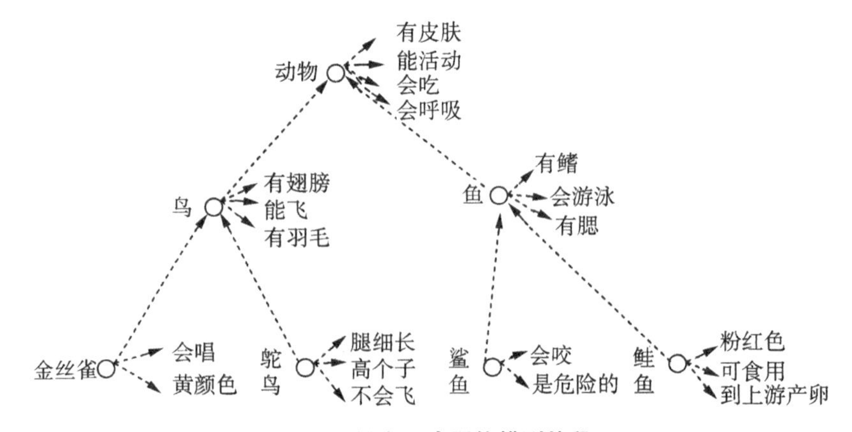

图9-4　语义层次网络模型片段

这个层次网络模型对概念的特征相应地实行分级贮存。在每一级概念的水平上，只贮存该级概念独有的特征，而同一级的各概念所具有的共同特征则贮存于上一级概念的水平上。由于上级概念的特征只出现一次，无须在其所有的下属概念中再贮存。这样的分级贮存可以节省贮存空间，体现出“认知经济”的原则。我们当然可以尝试使用语义层次网络模型来描写汉字信息的存储模式，然而该模型的问题在于无法证明概念的层次性、等级性，也无法解释同样的属性存在于不同的概念之内的情况。为此，Collins & Loftus (1975)又提出了激活扩散模型(spread of activation model)。它也是一个网络模型，但与层次网络模型不同，它放弃了概念的层次结构，而以语义联系或语义相似性将概念组织起来。图 9-5 是激活扩散模型的一个片段。图中方框为网络的节点，代表一个概念。概念之间的连线表示它们的联系，连线的长短表示联系的紧密程度，连线愈短，表明联系愈紧密，两个概念有愈多的共同特征，或者两个节点之间通过其共同特征有愈多的连线，则两个概念的联系愈紧密。

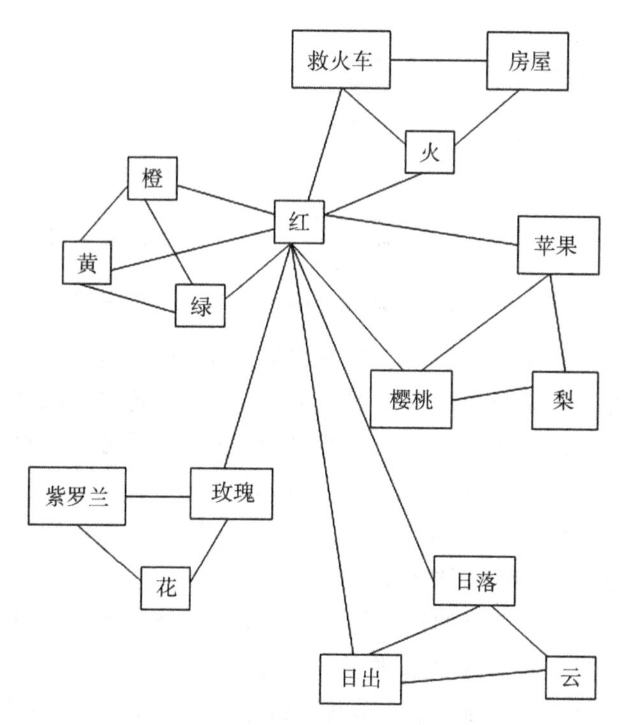

图 9-5　激活扩散模型片段

实际上，激活扩散模型是层次网络模型的修正。它用语义联系取代了层次结构，因而比层次网络模型显得更加全面和灵活。如果说层次网络模型带有严格的逻辑性质，那么激活扩散模型则更适合于个人，具有更多的弹性，可容纳更多的不确定性和模糊性，它是“人化了的”层次网络模型。用激活扩散模型描写的汉字信息在长时记忆中的存储也许是如图 9-6 所示(仍以“清”字为例)：

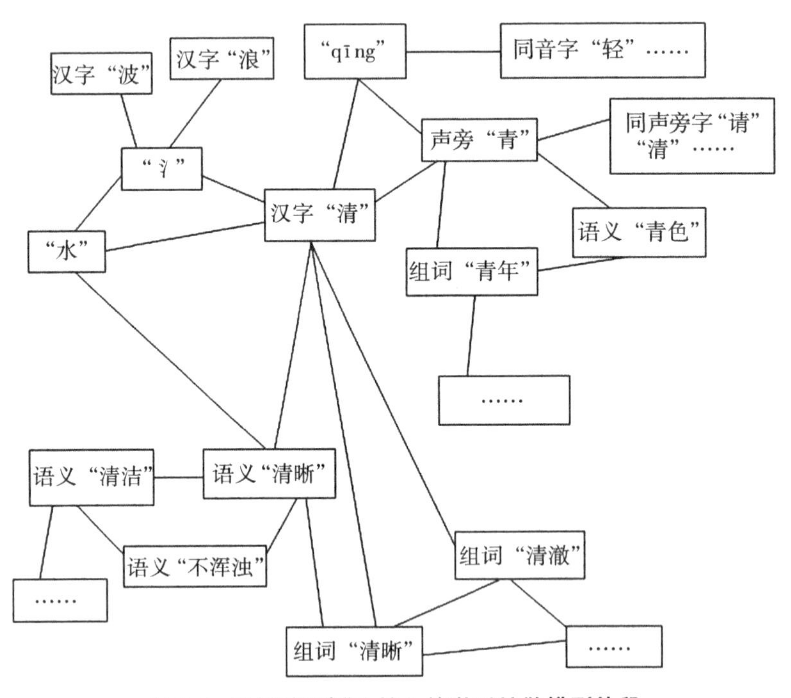

图 9-6 以汉字“清”为核心的激活扩散模型片段

Collins & Loftus 的实验发现，关联信息中的一个若被激活，就会扩散到邻近的或者有语义联系的节点那里去，并导致后者也被激活。若汉字的多种信息是以这种分散而具有弹性的机制贮存的，就可以解释为何有些汉字经过提示能更好地认读和默写，而有时学习者又会认错汉字或者写出错别字，这显然是由于被激活的部分与目标字有关的信息传递激活了与目标字无关的信息，最终激活了错误的目标汉字。

要完成整个汉字习得的检验过程，最后一步是将汉字信息从长时记忆中提取出来。但在这里，我们面临了一个被反复证实的独特现象：汉字认读能力与书写能力的不平衡。下一节我们将着力于这个现象的解释。

9.3.2.2 汉字的再认与回忆

汉字的认读可以理解为向学习者呈现目标汉字完整的字形信息，要求其提供该汉字的字音、字义或组词信息的过程。而汉字的书写(一般是指默写)可理解为向学习者提供汉字的字音、字义及组词信息,要求其提供完整的字形信息。由于汉字中存在大量的同音字,在汉字默写任务中,孤立地提供汉字的字音信息是不够的,一般会和字义或者组词信息相结合。过去的很多研究都发现,外国学习者认读汉字的能力普遍优于书写汉字的能力,但影响读和写这两项水平的因素几乎是一致的[习得规律(12)]。

Kintsch(1970)提出的产生一再认假设(generation－recognition hypothesis)非常适合于解释这组对立。再认(recognition)指过去经验过的事物再度呈现时能够识别出来的心理现象,认字显然属于再认作业。回忆(recall)是指把过去曾经经历而当前并非作用于我们的事物,在头脑中得其映象自行呈现出来的记忆过程。默写汉字应属于回忆作业。从逻辑上推理,能回忆的一定能再认,而能再认的则未必能回忆,认字和写字的关系显然如此。

Kintsch认为,在再认测验中,呈现一个项目能够直接激活记忆这个项目的表征。当这种激活发生时,被试就会做出决定,这个项目在以前曾经呈现过。如果记忆的激活没有发生,或者是这种激活非常微弱,那么被试就会做出决定,以前没有呈现过这个项目。再认包含一个做出决定的过程;而且仅仅只包含此种过程。这样我们可以推论出:学习者没法认读某汉字,可能是因为无法足够强地激活其表征,也可能是因为最初就没有建立这个表征。而学习者如果将该字错认为别的汉字,则是因为激活了错误的表征。

我们可以用图9-7来表示外国人汉字认读的心理机制:

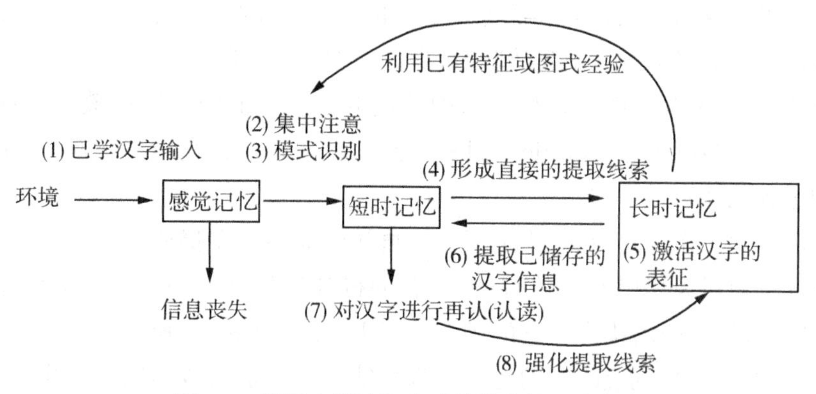

图9-7　外国人认读汉字时的信息处理流程图

在步骤(7)汉字认读之前的每一步的质量优劣,都会影响最终的认读结果(包括识别速度和准确度)。但是,正如前面所说,我们认为最关键的是步骤(5),即激活已经建立的表征。对此,Tulving & Thomson(1973)提出过编码特征假设(encoding specificity hypothesis),认为有效的提取依赖于提取时的环境与编码时的环境相似的程度。而 Tulving & Pearlstone(1966)曾在实验中发现,提取线索的有效性决定于其是否与学习时注意的线索相匹配。在汉字认读过程中,由于认读任务呈现的是完整的汉字视觉信息,即图 9-6 中的全部视觉类信息,或者说激活扩散模型中的核心部分,因此这种激活相对比较容易实现。而有经验的教师会通过重复展示字卡、以上下文语境(组词组句等)提示学习者,正是为了努力创造一个与学习时类似的环境。值得注意的是,步骤(7)不仅有成功认读和完全无法认读两种情况,也存在由于激活了错误的汉字表征而导致将目标字认读为其他汉字的情况。汉字习得规律(15)“认读错误随时间推进呈现平－升－降的趋势”,说明学习者存储的提取线索积累到一定程度,而字形意识尚未完全建立时,会出现认错字概率上升的现象,而随着字形意识的完全建立,这种趋势便渐趋下降了。此外,每一次成功的认读(再认),都会强化这些线索,最终强化对该汉字的记忆(步骤 8),这也再次证明习得规律(23)“坚持努力”的重要性。

汉字默写(回忆)的过程更为复杂。Kintsch(1970)认为,与再认相比,回忆(recall)在决定之前还需要一个搜索的步骤。这是因为呈现回忆作业的提取线索,如汉字回忆中,向学习者呈现该字的音、义及组词信息,并不能直接激活记忆的目标表征(字形信息表征),而只是音、义等信息自身的表征(如图 9-6 中,除字形“清”及左上角字形信息以外的其他信息的表征)。但这种激活可以扩散到其他有关表征那里去(如图 9-6 中的字形信息表征)。如果提取线索与记忆项目有很强的联系,那么,这种激活扩散就将导致记忆表征的激活,这时提取就能够发生。这种从提取线索表征的激活扩散到目标表征的过程称为产生(generation)过程。当这种搜索过程完结的时候,做出决定的过程就开始了。

汉字回忆作业的特点,决定了它与再认作业的信息提取源是一致的,因此如汉字习得规律(12)所体现的,两者的得分呈显著相关。但回忆作业多出的“搜索”这一步,决定了它的难度要高于再认,如图 9-8 所示。

其中步骤(1)到(10)中的每一步都可能对汉字能否成功回忆产生影响,但关键的是从步骤(5)到(8)的心理过程。失败的默写作业,可能是由于该汉字的表征根本没有在记忆中建立,或者是汉字的音、义信息表征未能被激活,也可能是因为音、义等信息表征虽被激活,但未能扩散并激活正确的字形信息。由于激活的步骤比再认更多，因此失败的可能性也相对更大。除了无法默写的情况外，在步骤(10)常出现写错字和别字的情况。其中，写错字的发展规律呈现先升后降的趋势[习得规律(16)]，产生原因当和认错字没有区别。但是，学习者写别字的概率在一年范围内持续上升，在更晚的阶段才会下降[习得规律(17)]，而且形声字的声旁信息成为后期主要的干扰因素[习得规律(18)]，说明声旁这个提取线索的确存在于汉字存储的激活扩散模型中，但形成较晚。此外，反复的成功默写当能强化提取线索，巩固该汉字的掌握[步骤(11)]，同样说明"坚持努力"的意义。

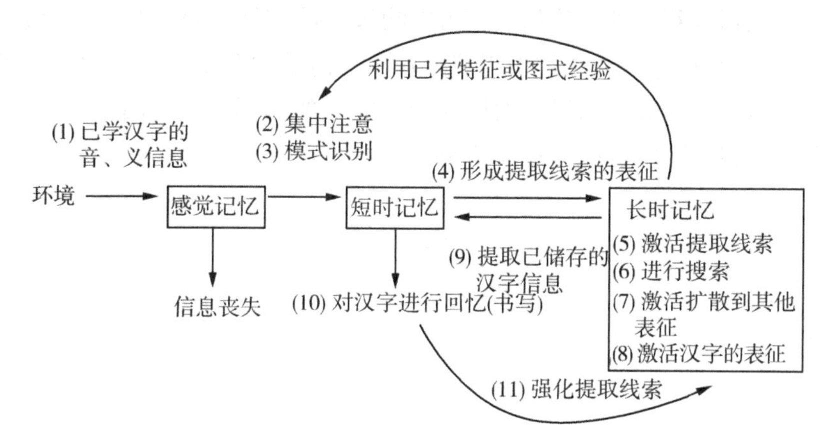

图 9-8　外国人默写汉字时的信息处理流程图

9.3.2.3　汉字的遗忘

汉字习得的结果并不一定是成功的。如前所述，在图 9-7 的步骤(7)，作为失败的结果，学习者可能将目标汉字错认为其他汉字。在图 9-8 的步骤(10)，学习者可能误将其写成错字或者别字。我们把这些"提取错误"的现象看作学习进展的标志(本书第五章)，因为它们至少展现了学习者具备一定的信息提取能力并进行了尝试。从统计数据的角度，更多的失败案例是学习者完全无法认读或者默写目标汉字，也就是说学习者在汉字信息流程图中较早的阶段便已无法继续。

汉字习得规律(13)"在汉字学习的较早阶段(大约 6～9 个月)，学习者掌握汉字的总量增加，但在单位时间(或阶段)内能掌握的汉字数量(即增量)减少，后期则增量逐渐持平"和(14)"在教学设计要求掌握的新汉字中，学习者无法认读和无法书写的比例先随时间推进逐渐增加，而后逐渐趋平"，指向的其实是同一个事实，即学习汉字的数量增加影响对新学汉字的记忆，但后期单位时间可以掌握的汉字数开始保持恒定。

Postman, Stark & Fraser(1968)提出了反应集合干扰假设(response-set interference hypothesis)，认为遗忘并不是学习的解除或者消退，而是来自新提取线索对于旧提取线索的干扰，即新建立的线索—目标联系会抑制旧的联系，而造成信息提取困难。然而，之后的研究中，学界虽然不否认干扰在遗忘中的作用，但进一步提出，遗忘是由于提取线索不能与记忆中项目编码的性质相匹配(Martin, 1972)，称为依存线索遗忘假说(cue-dependent forgetting hypothesis)。我们发现，早期新掌握汉字增速的减缓似乎支持前一假说，而后期线索的干扰似乎不再影响汉字的记忆[习得规律(13)(14)]。但正如彭聃龄(2004)所说，“由于甚至在一个简单的联结中也包含了相当复杂的编码过程，所以要对遗忘的原因做出完全的解释还是有困难的”。对于汉字在学习过程中的遗忘，还需要更深入的探索。

第十章　对外汉字教学研究的现状与展望

［本章思维导图］

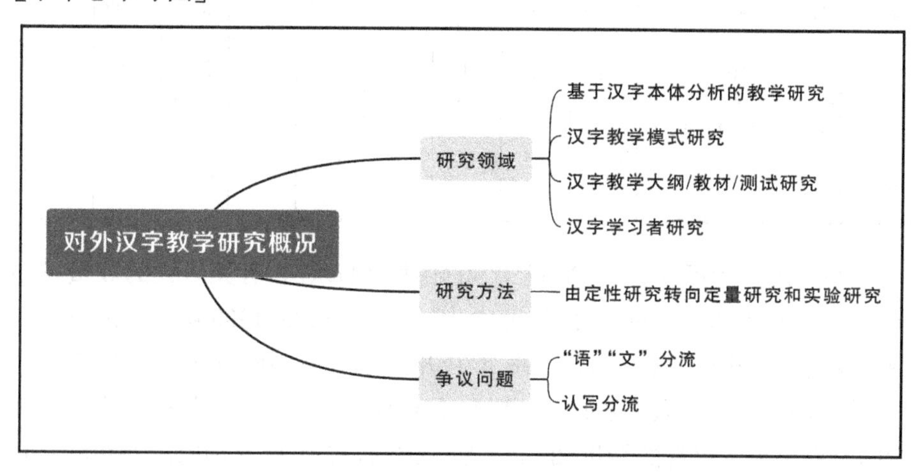

与直接的汉字习得研究相比，对外汉字教学的研究在学界的肇始更早。可以说，20世纪70年代末以来，面向外国人（将汉语作为第二语言且非汉字文化圈背景的学习者）的汉字教学就一直是对外汉语界的研究热点与难点。在此，我们将尽可能全面地回顾国内外在这一领域的探索，以便在下一章结合我们所得出的汉字习得基本规律，探讨将汉字习得研究的成果运用到实际教学中去的可能性。

10.1　研究概况

为尽量全面准确地收集有关文献，我们以“汉字”作为模糊关键词，在中国期刊网穷尽性地收集了近30年来与该关键词有关，并发表在核心期刊上的文献，随后进行人工筛选，以确保文献研究的对象为“对外汉字教学”。此外，我们还挑选北京语言大学、北京大学等高校的有关“对外汉字教学”的部分硕士、博士学位论文，以及几次重要学术会议上发表的关于该专题的论文。通过上述途径，共选论文109篇，发表年份为1986年至2014年，论文数量按年分布如表10-1所示：

表10-1　历年对外汉字教学研究文献数量分布

年份	1986	1987	1988	1989	1990	1991	1992	1993	1994	1995	1996	1997
数量	2	3	1	0	1	0	0	3	1	0	1	5
年份	1998	1999	2000	2001	2002	2003	2004	2005	2006	2007	2008	2009
数量	16	10	3	4	4	4	8	7	4	21①	9	3
年份	2010	2011	2012	2013	2014							
数量	1	2	2	1	2							

从表10-1中可以看到，20世纪90年代中期以前，有关研究的数量相当有限，这一情况直至1996年之后才发生转变，在1998、1999两年形成发表高峰。这与李大遂(2004a)"以1996年召开的第五届国际汉语教学讨论会为界，分为前后两个阶段"以及"20世纪90年代中期以后，汉字和对外汉字教学的研究出现了可喜的转机"的论述是一致的，与1997年国家汉办在湖北宜昌召开的首次汉字和汉字教学研讨会及1998年世界汉语教学学会和法国汉语教师协会联合在巴黎举办的国际汉字教学研讨会也有着密切的联系。此外，与21世纪最初几年论文数量相对平稳形成对比，自2004年起，该专题论文的数量又形成了一个新的增长阶段，在2007年、2008年达到高峰，其情形与20世纪末有相似之处。显然，这是2004年国家开始实施的汉语国际推广战略及由此形成的更有效地对西方学习者进行汉语汉字教学的迫切需求所带来的新局面。2005年在德国召开的首届西方学习者汉字认知国际研讨会等重要学术会议对此也有着促进作用。根据上述情况，我们将其分为三个阶段，即第一阶段(1986—1996)，为研究的初始阶段，代表性论文12篇；第二阶段(1997—2003)，为研究的发展阶段，代表性论文46篇；第三阶段(2004—2014)，为研究的进一步发展阶段，代表性论文60篇。除了潘先军(2003)，柯传仁、沈禾玲(2003)，李大遂(2004b)，崔永华(2005)，Overgaard(2007)，Ling(2007)等综述性文章及李行健(1997)等书序外，我们将对外汉字教学的研

① 含收入《汉字的认知与教学——西方学习者汉字认知国际研讨会论文集》的论文14篇。

究主要划分为四大领域，下面就每个领域的研究情况结合上述分期作一概述。

10.2　基于汉字本体分析的对外教学研究

（一）第一阶段（1986—1996）。史有为（1987）在《世界汉语教学》创刊号上提出汉字结构元的功能、排列、差异性以及汉字本身具有的孤离性、综合性、羡余性的特点，及由此形成的在教学中的难点及优势。施光亨（1987）则更通俗地从笔画、字素、结构、常用字角度论述汉字教学要点，并附常用字素（部首）表。安子介（1988）在推介其著作《解开汉字之谜》时，也主张从部件切分角度入手的汉字教学。刘又辛（1993）提出要抓住汉字或表“形”、或表“音”、或为形声字的特点，“理性”地进行教学。

（二）第二阶段（1997—2003）。李大遂（1998）从汉字有别于西方文字的特点出发，谈了加强汉字教学的必要性。余又兰（1999）表达了类似观点。卢小宁（1998）从“音”“形”“义”三个方面论述了汉字教学的特点。石定果（1997）在回顾汉字研究的诸多成果后指出，这些研究从教学的定位、现代汉字素质的再认识、汉字的结构、形声汉字等方面对教学工作有着直接的启示。崔永华（1997）从心理学原理和对外汉语教学的实践出发，通过分析《汉语水平考试词汇等级大纲》使用的汉字和构成这些汉字的部件，说明利用汉字部件进行汉字教学的可行性和相关问题。程朝晖（1997）根据美国学生的学习状况，同样建议从笔画、部件入手进行汉字教学。施正宇（1998）分析了汉字的几何性质及其在教学中的意义。朱志平（2002）认为汉字属表意文字系统，在教学上与汉语不是同一的关系。汉字的本体是字形，汉字教学必须从字形出发。汉字构形学是汉字教学可资借鉴的理论。郑继娥（1998）独树一帜地从理据性角度看待汉字学习问题，指出汉字的理据性既可定性描写，又可定量描写，依据理据度的不同，对外汉语中的汉字教学亦应采取相应的方法。

另一些关于汉字本体的研究涉及更具体的层面。首先是关于汉字的构件。李大遂（2002）在全面考察现代汉语通用字偏旁的基础上，对汉字偏旁及其教学进行了研究。文章认为，偏旁是汉字体系中最重要的结构单位，是汉字形、音、义系统形成的主要因素，是整个汉字体系的纲，但前提是坚持采用传统的偏旁分析法。文章同时对偏旁教学提出了参考意见。万业馨

(1999)则从汉字部件对于识别的重要意义谈起，随后定量分析了汉字构成中意符、音符的不同地位与比重，最后强调了教学中应给予二者同等重视，而不是像当前这样只重前者。以此为基础，有几位研究者把关注的焦点进一步放在形声字的教学上。冯丽萍(1998a)提出，声旁与整字之间的多种因素都影响着形声字的识别。她用认知心理学与对外汉语教学相结合的方法，在对《汉语水平词汇与汉字等级大纲》2905个汉字中的形声字进行了封闭性统计的基础上，分析了声旁与整字之间语音关系的静态特征与动态分布，并据此提出了对外汉字教学所应参考的以声符揭示读音、掌握汉字内在深层规律、按照不同阶段采用不同教学方法等教学原则。万业馨(2000)再次强调应在教学中给予汉字声旁以足够的重视，而在另一文(2001)中，她还进一步提出进行部件教学的方法。关于部件与整字教授孰先孰后的问题，她认为由于充当意符的字比较常用，故可先行给出。声旁字则须分别对待：与形声字同音且常用程度高的声旁字可先行讲授；与形声字不同音或常用程度不如形声字的声旁字，则应采用由整字到部件的做法。易洪川(1999b)的研究涉及前人未曾关注的方面——汉字字音的教学，体现出了较强的独创性。他指出，从对外汉字教学角度看，现代汉字字音的特点是：字音、字形、字义关系复杂；字音既是指称音，又是整体认读的带声调的单音节，且有着丰富的聚合类。字音教学特别是对外汉字字音教学，应该实行以下策略：注意全面揭示字的音、形、义关系；克服单教指称音的倾向；突出“带调音节”概念；尽量以字音注字音。

(三) 第三阶段(2004—2014)。德国学者 Kupfer(2007)认为汉字难的根本原因在于汉字的封闭性和排外性。梁彦民(2004)通过对汉字在部件层次上体现出来的区别特征，即部件形体、部件构意功能、部件的组合样式、部件的布局图式四个方面的分析，阐述了汉字部件区别特征对于对外汉字教学的意义与启示。万业馨(2004)提出，由于对近几十年汉字性质研究进展的关注不够，直接影响到汉字教学内容和教学重点的确定，尤以“重义符、轻音符”的做法为代表。何洪峰(2005)指出在对外汉字教学中应该注意笔画组合方式辨字问题。李大遂(2006)提出，汉字的系统性体现在形、音、义三个方面，遵循系统性进行教学可以降低认知难度。张熙昌(2007)从认知心理学的角度指出培养留学生声旁意识的依据。他通过对2500个常用字中形声字声旁的考察，说明声旁与形声字之间的联系不仅表现在声韵调的相同与否上，还表现在相关声母、韵母之间的转化以及某些声旁对形声字具有类推示音的功能上。万业馨(2007)指出汉字认知包括音、形、义三个方面,因此要注重对认知途径的探索。林季苗(2007)提出要为现代汉字找出最适宜的分类法,并以此比对结合学习者在学习汉字时的识字行为、习得过程研究,以达到将研究结果有效利用到教学法的目的。李香平(2008)提出可以结合流俗文字学和正统的“六书”说,在课堂上进行更有效的字理阐释。王汉卫、苏印霞(2012)提出要重视笔画教学,并将对外汉语教学常用字的笔画划分为用字笔画 32 种、教字笔画 25 种、基础笔画 19 种。周健(2010)、陈颖(2014)都提出要从汉民族整体思维的特点入手,将汉字教学和词汇教学结合起来。戴竹君、武晓平(2014)提出,在教学中应培养学生汉字形、音、义具有关联性的意识,汉字是汉语学习之本的意识,汉字是独立表意单位的意识,汉字形体结构的平面组合意识,这些观点可看作是对这个领域研究者指导思想的一个总括。

综上,这一领域的大致研究结论可以概括为:汉字是有别于西方文字的独特、独立的系统,对外汉字教学要重视字形分析,不仅传统的笔画、构件、部首的分析要重视,其他诸如构字理据性以及形声字的声旁等要素也不能忽略。从研究趋势上看,经历了一个从单独强调字形分析(强化构件意识等),到全面重视“音、形、义”三方面,再到重视汉字与更高层面的词汇教学衔接的变化过程。应该指出的是:一方面,由于传统文字学和现代汉字学的高度发达,在此领域的教学研究很难实现实质性突破,另一方面,单纯的文字分析也无法通过“假设—验证”的方法直接帮助教学。因此这个领域的研究相对来说较缺乏新意。

10.3　对外汉字教学模式的探索

与前一领域相比,教学模式的研究在数量、创新性和实用性上都有明显优势。

(一) 第一阶段(1986—1996)。张静贤(1986)提出,对外汉语中汉字课的建设不能再以“六书”为中心,而要引入现代汉字学的内容。捷克学者雅·沃哈拉(1986)提出,要改变汉字教学依附于语言教学的地位,而给予其一个独立的过程,有系统地进行。新加坡学者卢绍昌(1987)结合新加坡国立大学的教学实际提出了教学建议,他采用了教材字词统计的方法,指出教材及教学过程中的“字词比”现象值得关注。初级阶段的教学中应增加所教汉字的数量，力争达到每周60～70个汉字，同时考虑教材所选汉字的构词能力及使用频度等。这一教学思想直至世纪之交才得到法国汉学家白乐桑、国内学者张朋朋在教学实践中的响应及王若江（2000）在理论方面的支持。刘社会（1990）概括的三大教学原则基本上代表了该时期对汉字课堂教学的认识，即：（1）听说、读写分设课型；（2）采用字素分析的方法教学；（3）做到"字不离词""词不离句"的教学。

（二）第二阶段（1997－2003）。李芳杰（1998）提出，汉字既能分化同音语素，又能代表语素充当词或构词成分。因此汉字虽难，但只要教学得法，就能扬长避短，发挥汉字的积极作用。他主张字词教学同步，即字词量比例合理，字词等级相应，以词带字定字音辨字义，以字串词习旧词学新词，达到加强汉字教学、促进词汇教学的目的。杨夷平、易洪川（1998）提出应该区别对待对内和对外的汉字教学，在字符层面，前者突出字形，后者则要形、音、义并重；在体系层面，前者要识字、写字、用字并重，后者则应突出识字。这两个层面上的认识近年来已越来越多地得到认同。崔永华（1998）提出一个对外汉语教学用的汉字教学单位体系。这个体系由汉字部件（基本部件）和一部分汉字（基本字）构成。体系所适用的汉字范围为《汉语水平考试词汇大纲》中8822个词所使用的2866个汉字。他为此作了详尽的数据分析，指出"基本部件"与"基本字"的结合符合汉字的认知规律，可以更充分地利用汉字及其构件所提供的音、形、义信息，提高汉字教学的质量。法国学者安雄（2003）也提出从字量、字种（字频）、字序三个方面确定对外汉字教学的基本字表，以建设利于集中识字的"理性识字法"。陈曦（2001）提出可利用"字族理论（即在音、形、义上相通或相近的一组字）"进行汉字教学。

张凤麟（1997）提出了对少数民族学生进行集中识字教学，这一建议对于对外汉字教学显然也有参考价值。潘先军（1999）比较了对外汉字教学和小学识字教学的异同后，提出了"先语后文"的教学模式。王又民（2002）统计了外国留学生本科各阶段汉语（语言技能类）教材累积用词用字情况与中国中小学各年级语文课本累积用词用字情况。发现相比中国初高中学生，外国留学生在词汇和汉字方面存在相当大的差距，应尽可能增加他们的词汇量和汉字量。这个结论更突出了对外汉字教学面临的严峻形势。马燕华（2003）分析了海外华裔儿童学习汉语的特殊性，认为他们的汉字教学与母语、双语、外语学习中的汉字教学皆不尽相同，提出教授海外华裔儿童汉字的特殊教学原则是：参考字频、词频规定识字总量，划分汉字教学的等级层次，强化汉语阅读训练，重视多媒体教学手段的利用以及为汉语教师编制汉字教学参考资料。

此外，关注教学模式的尚有田惠刚（1998）、费锦昌（1998）、赵明德（1999）、张德鑫（1999）、卞觉非（1999）、张景业（2001）等研究。

（三）第三阶段（2004－2014）。与之前较为宏观的讨论相比，这个阶段对于教学模式的探索更为深入具体，很多海外学者也参与其中。

李大遂（2004a）提出为中高级留学生开设选修的汉字课很有必要，因为这样才能揭示汉字体系内在的系统性。埃及学者希夏姆（2005）同样提出以系统观念为基础的汉字教学策略，而潘先军（2005）则强调了汉字教学的层次性。汪琦（2005）通过对照实验（32 人规模）发现，有汉字选修课背景的学生识字水平的提高幅度更明显，说明系统学习汉字是很有必要的。周静嫣（2006）的硕士论文提出了构建对外汉字的“混合式教学（教育学理念，即对所有教学要素进行优化和选择，以达到教学目标）”，并通过教案设计、教学实践及问卷反馈进行了全面论证。李大遂（2007）试图通过实验论证利用汉字的系统性推展识字教学大有可为，可惜他对试验组采用的方法论述不够具体，而对控制组的设置上也存在一定问题，但他（2008）提出的汉字教学要形、音、义兼顾，对外汉语教学要将识字量作为追求的重要目标，识字教学的推展要坚持以偏旁为纲等较有参考价值。周健、尉万传（2004）提出了重视汉字语素义的教学，优先考虑声旁系联，突出形、音、义关联，规律归纳和汉字应用等教学策略。

赵金铭（2008）提出汉语教学与汉字教学之关系乃探讨汉语作为第二语言教学模式的关键所在。美国学者 Dew（2007）主张先奠定良好的语言基础，然后再注重认字的模式。德国学者 Guder（2007）也提出应将汉语的听说能力和读写能力的训练区别对待、分开进行。旅德学者 Jing-Schmidt（2007）提出汉字教学模式应和它的认知原理相一致。崔永华（2008）认为，目前对外国人的汉字教学的程序和方法可能违背了汉字学习的自然顺序和学习规律，对外国人的汉字教学可以借鉴中国儿童学习汉字的过程和方法。王汉卫（2007）指出随文识字的教学方法固然不符合汉字教学的规律，但汉字独立设课也不是解决汉字教学问题的最佳选择。他以高年级识字量、汉字课教学效果等的考察为基础，提出了精读课框架内相对独立的汉字教学方式。

江新（2007a，b）引用了很多心理学理论和研究结果，提出了“认写分流、多认少写”的教学模式。她（2007b）还通过 35 人规模的对照实验，证实“认写分流、多认少写”组的识字、写字效果均好于“认写同步要求”组。朱志平(2007)提出，“汉字难”的关键不在于汉字本身，而是如何解决汉字跟汉语词汇的衔接问题。她由此提出了“先认后写”、在汉语词汇的教学中要以语义为基点，双音词教学要以两个语素结合的理据为基点，把汉字教学跟词汇教学连接起来。万业馨(2009)同样主张“语文分进”，她认为汉字教学不仅要考虑与汉语教学的关系，而且必须将书写和认知分列为两项教学目标进行总体设计。赵金铭(2011)提出实行“先语后文”的教学有三方面的理论依据：(1)汉语和汉字特点是汉语教学“语文分开”与“先语后文”教学设计的根本出发点。(2) 语言教学心理学为“先语后文”教学设计提供了心理学依据。(3) 教学规律和第二语言习得规律支撑“先语后文”教学设计。无独有偶，系统功能语言学的创始人 Halliday(2014)在论及自己的对外汉语教学观点时，提出汉字教学不要从课程的初始阶段就引入进来，学生越迟接触汉字，就会越容易、越快速地掌握汉语，这与赵金铭、朱志平、江新等人的观点一致。李蕊、叶彬彬(2013)通过教学实验，证实了“语文分进”的教学模式下非汉字圈学习者在汉字能力中的音、形、义的联结，形旁和声旁的分辨利用及语素义分解组合三方面均有较为突出的优势，进而推测“语文分进”的教学模式对学习者的汉字能力有较显著稳定的影响。要指出的是，这组实验的规模和跨度略显单薄。

施正宇(2008)提出以词的使用频率和字的构形规律为基本线索构建教学词库，梳理与之相关的教学字库，做到字词兼顾，并在语素的基础上拓展学生的汉语能力和汉字能力。

柳燕梅(2009a,b)则通过自然课堂环境下的教学实验，探索了汉字部件策略的训练教学中，分散训练和集中训练两种方式对学生策略使用的影响，她发现，策略训练会使学生的策略使用频率有所提高，分散训练方式的效果略优于集中训练的方式。李香平(2006a)提出“新说文解字”，即将一种流俗文字学的字理阐释方式在汉字教学上使用，可产生传统文字学字理阐释所不具备的作用。

马燕华(2007)提出，海外周末制中文学校的汉字教学的性质介乎语言教学和语文教学之间，并就此提出了教学原则。吴贺(2008)则介绍了 19 世纪俄罗斯汉学家王西里采用的高效识记汉字的教学模式。

总结这一领域的研究，可以发现大多数学者都认同汉字的学习是一个相对独立的、有系统的过程。但在具体的实施上，有的主张汉字独立设课，有的主张在精读课范围内相对独立地进行教学；有的主张“先听说后读写”，有的主张“语文并进”但“先认后写”。虽然其分散难点的基本原理是一致的，但从课堂教学本身来讲，差异巨大。究竟哪种教学设计最有效率？第十一章我们将就此作详细的分析。但需特别指出的是，一条“基本笔画－基本部件－基本字－基本词”兼顾的教学思路则得到了广泛的认同。

10.4　教学大纲、教材编写、水平测试等具体环节的研究

（一）第一阶段（1986－1996）。朱一之（1993）全面分析了《汉语水平词汇与汉字等级大纲》所收2905个汉字中所有部首及构件的使用频率，为后来的研究提供了详细的参考资料。肖奚强（1994）提出教材中应有汉字（尤其是汉字书写）教学的独立部分。陈满华（1993）经过成绩分析，指出汉语水平考试（HSK）的汉字部分（尤其对于非日本学生）存在难度过高的问题。

（二）第二阶段（1997－2003）。此时期出现的一个新的热点是基本教学字表的确定。陈仁凤、陈阿宝（1998）指出1000个使用频率最高的汉字，其覆盖率达一般书刊用字的90%。文章从字形、字音、字义几个角度分析了这1000个汉字，并从中探索适合对外汉字教学的教学方法：(1)严格基本训练，(2)充分利用部件，(3)逐级向词语、句子扩展。该文至今被引用率极高的原因在于，它指出了一条对外汉字教学“化繁为简”的道路，或者说这个课题中需要克服的主要难点及“关键期”所在。易洪川等（1998）指出《（汉语水平）汉字等级大纲》规定的800甲级字并不完全符合教学的实际需要，提出根据(1)字度原则、(2)代表字原则、(3)自释原则、(4)经济原则来确定字数在1300字左右的基本字表。上文提到的安雄（2003）的文章也属于这个领域，他提出的字量和字种与易文极为相似。李清华（1999）则指出《汉语水平词汇与汉字等级大纲》存在所规定的本科生的汉字量合适，但词汇量偏低的问题。

教材方面，张静贤（1998）全面论述了对外汉字教材的编写原则及具体教法。王若江（2000）介绍了法国具备“字本位”特色的汉语教材，并分析了其在字、词教学上更高的效率。赵金铭（2000）则推荐了工具书《多媒体汉字字典》。

（三）第三阶段（2004－2014）。邢红兵（2005）对《汉语水平词汇与汉字

等级大纲》中的2905个汉字全部进行了拆分,建立了“等级汉字拆分数据库”和“等级汉字基础部件数据库”,在此基础上进行了统计。他发现甲级字承担着非常丰富的信息,最有效的部件教学法是将其融入基础字教学之中,以基础字带部件教学。安雄(2005)在总结历代童蒙读物所授汉字的基础上,提出了包含1440个汉字的《常用阅读字表》,旨在补充对外汉语教学大纲的空白。邢红兵、舒华(2004)的研究在建立了一个《汉语水平词汇与汉字等级大纲》中的全部2905个水平汉字数据库的基础上,对形声字进行了以下几个方面的统计研究:(1)形声字的数量以及各个等级的分布情况,(2)各个类型形声字在各个等级的分布情况,(3)声旁的独立成字和组字能力,(4)声旁的表音能力等。李蕊(2005b)对《高等学校外国留学生汉语教学大纲(长期进修)》中的形声字进行了封闭性数字统计,在此基础上从形声字的等级、形旁的表义度、形旁的位置、形旁是否成字、形旁等级以及形旁构字数等各个角度,分析了形旁的表义状况及其与整字的各种关系,由此提出了若干教学建议。张卫国(2006)通过对不同字表、词表对实际阅读材料覆盖率的考察,发现在词覆盖率的基础上提出的阅读识读率可以更好地反映对阅读材料的识读水平。满意的阅读理解建立在0.95左右的识读率上。阅读者掌握的字词比达到1∶7以上才能达到这样的识读水平。学习汉语时,掌握近3000个汉字的同时,应该掌握2万～3万个汉语词语。这一发现对目前的教学提出了很高的目标。刘建梅(2004)的硕士论文选取有代表性的9套教材,对教材中汉字教学的情况进行了分析。郝美玲、刘友谊(2007)采用实验方法研究,发现留学生汉语教材中复现率对于构词数少的汉字和黏着语素意义更大。姜安(2007)的硕士论文试图建立一个科学的、系统的对外汉字初级教材评价指标体系表,并据此对现行的主要教材进行了评价。谢玲玲(2008)的硕士论文通过现行基础汉字教材和古代蒙学教材的比较分析,总结出一些对外汉字教学的经验,如语文分开、语文分进,集中识字,韵语编写与诵读法相结合,加强写字练习。李香平(2011)在分析43种汉字教材之后,提出现行教材的普遍问题是通用性较强而针对性较弱;大多注重汉字知识的编写,但对汉字知识点的选取呈现出一定程度的无序性和随意性;注重教材编写的系统性和通用性,忽视教材的实用性和趣味性。

可以发现,这部分的研究其实是教学模式研究得以落实的关键,从研究结果看,绝大部分的研究都采用了定量分析的手段,而研究的核心在于“基本教学字表”。迄今尚没有一种教学字表得到普遍的认可,而大多数的主流教材也尚未有意识地围绕某一套字表进行设计编写，今后一段时间这应引起对外汉语教研界的重点关注。

10.5 关于学习者的研究

（一）第一阶段（1986—1996）。陈绂（1996）首次从“学”与“教”两个方面看待留学生的汉字学习问题，指出认读字词出现错误的原因来自两个方面：(1)学习者都是以印欧语为母语的成年人，他们在学习自己母语时所形成的固有的认知特点以及对汉语及汉字的理论知识的缺乏，导致了他们在学习过程中的障碍；(2)教授者往往忽视了作为成年人的留学生们在语言习得过程中所固有的模式，以及他们业已成熟的、理性的思维活动和心理活动。

（二）第二阶段（1997—2003）。随着认知心理学的持续升温，更多的学者开始直接对学习者进行研究。吴世雄（1998）首先谈到了认知心理学的记忆原理对汉字教学的启示。张大成、伍新春（1999）也谈了汉字识字教学的心理实质。徐彩华（2000）在回顾近年来汉语认知研究在汉字亚字水平①的加工和语素的心理现实性方面取得重要成果的基础上，从认知的角度重新审视汉字教学中几个新老问题：(1)汉字的部件加工与部件教学，(2)汉字偏旁的加工特点与偏旁教学，(3)语素的心理现实性与中文字词教学。石定果、万业馨（1998）通过35份问卷调查了对外汉字教学的状况，发现：(1)习惯于使用拼音文字的留学生很自然地对汉字也要“因声求义”；(2)留学生多数希望采取先整字然后归纳分析的教学步骤，与我们惯常主张的程序相悖；(3)留学生多数赞成汉字和汉语教学同步进行，以免增加负担，即随文识字，而不是各行其是。钱学烈（1998）试图通过实验研究教学的情况，可惜在方法上不够完善严谨。吴英成（1999）讨论了手写字识别与教学的关系。

（三）第三阶段（2004—2014）。罗卫东（2007）采用问卷方式调查了西方学习者对汉字的兴趣、识读与书写汉字的数量与方式、学习汉字的困难、查阅字典的方式、对汉字教学的建议等问题。Everson（2007）则研究了将汉语作为外语学习的人群汉字正字法意识的发展。

事实上，自2000年以来，从学习者角度出发的汉字习得研究已逐渐脱离

① 亚字水平，即整字以下水平。

认知心理学中有关文字识别的研究和直接的对外汉字教学(法)的研究。外国人汉字习得能够成为一个独立的研究领域,很大程度上开始于这一研究方向的进一步拓展。

10.6 综合类论著

随着研究的进一步发展,在我们划分的第三个阶段,出现了一些汉字教学方面的综合性论著。孙德金主编的《对外汉字教学研究》(2006)所收文章不仅系统介绍了汉字的音、形、义特点,而且探讨了汉字的认知规律(286－297)以及不同国别的留学生习得汉字的规律(358－434)。李香平著《汉字教学中的文字学》(2006)从学习者习得的规律入手,探讨了传统文字学在对外汉字教学中的运用。胡文华著《汉字与对外汉字教学》(2008)从汉字本身、汉字教学与汉字学习角度进行了较全面的论述。周健著《汉字教学理论与方法》(2007)对于"汉字难学"这一问题,从汉字本身与汉字教学两个方面入手分析,提出了从汉字认知习得特点出发的教学策略,并在全书最后一部分提供了大量具体的教学方法与技巧。这是将习得研究的成果应用于教学实践的积极尝试。此外,在海峡对岸,黄沛荣著《汉字教学的理论与实践》(2009)代表了台湾地区该领域研究的较高水平。可以说,关于汉字教学研究的论著的涌现,代表了该研究领域初步趋于成熟。

10.7 文献范围、研究方法论及今后的发展方向

本研究的文献收集采用了从紧的标准,即狭义的"关于对外汉字教学的学术研究"。上文已经提到,我们没有收录关于"汉字习得"的研究。此外,近年来出现的很多对外汉字教学专门教材、工具书以及在汉字教学方面独具特色的汉语教材及教学项目,也不在论述之列,然而实际上纯学术的研究只有与上述这些领域结合起来才有意义。

在我们所关注的四大领域,研究方法论的变化能在一定程度上反映研究的水平。通过表 10-2 和表 10-3,我们分阶段和分领域来看一下研究方法的分布及变化趋势:

表 10-2　各时期采用研究方法论的情况

时期	方法			
	定性论述	定量统计	实验研究	总　计
第一阶段文献数（括号内为占比）	11(92%)	1(8%)	0(0%)	12(100%)
第二阶段文献数（括号内为占比）	34(74%)	10(22%)	2(4%)	46(100%)
第三阶段文献数（括号内为占比）	37(62%)	15(25%)	8(13%)	60(100%)

表 10-3　各领域采用研究方法论的情况

领域	方法			
	定性论述	定量统计	实验研究	总　计
汉字本体研究文献数（括号内为占比）	20(74%)	7(26%)	0(0%)	27(100%)
教学模式研究文献数（括号内为占比）	39(76%)	3(6%)	9(18%)	51(100%)
大纲教材研究文献数（括号内为占比）	5(24%)	15(71%)	1(5%)	21(100%)
学习者研究文献数（括号内为占比）	7(78%)	2(22%)	0(0%)	9(100%)

可以看到，定量统计和实验方法的比重随时间推移正逐步增加，但总体上仍旧偏低，尤其是对于教学模式的确立有论证功能的教学实验采用不够。这恐怕也是学界对于高效率的教学模式始终没有一致意见的原因。从分领域角度看，关于大纲、教材等具体环节的研究普遍采用了定量统计的方法，其他环节则仍以定性论证的方法为主。教学实验集中出现在教学模式的研究领域，但如前所述，质量和数量都存在不足。

若从研究现状看将来的发展趋势，可以预测：一是研究对象的进一步细化、具体化，如具体字种的教学、教学项目的跟踪对比研究及教材编写使用的实例研究等；二是定量研究及实验研究得到更普遍的应用；三是会有一个研究重心由注重“如何教”转向“如何学”(习得研究)的阶段,因为后者以目前的研究水平和研究条件来讲,更容易采用科学方法并得出明确且令人信服的结论。事实上,目前这种聚焦于“汉字习得”的研究热点正在显现(参见第三章),这也是我们撰写本书的初衷。但考虑到这一类的研究最终还是要回归实际应用的领域,将习得研究的成果转化到汉字教学中去的工作就显得格外重要。在下一章,我们将在这个方面进行一些初步的尝试。

第十一章　基于习得理论的对外汉字教学体系初探

[本章思维导图]

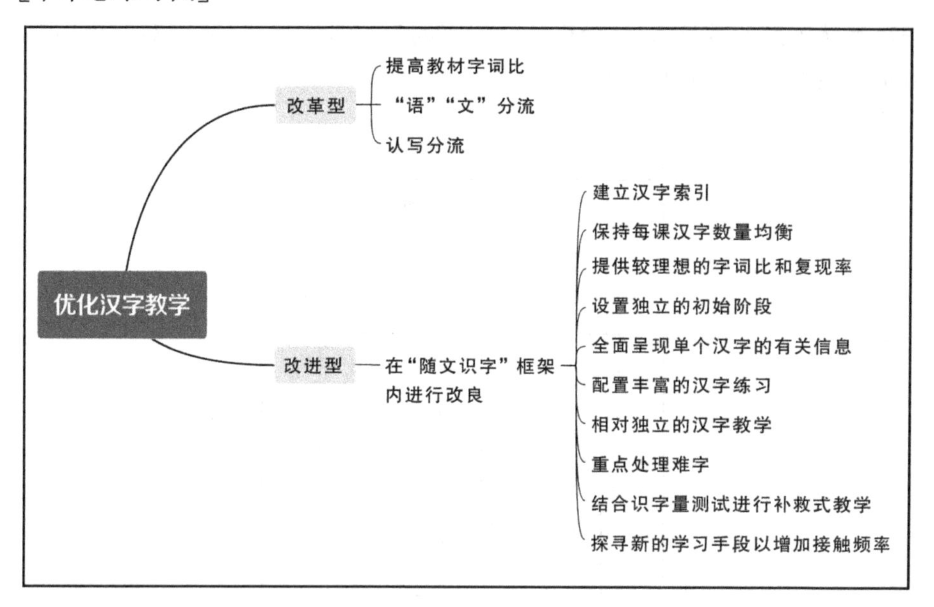

上一章我们分析了对外汉字教学研究的现状。然而，如果按照 Stern (1983)对应用语言学研究的分级，我们发现大部分的研究都处于他所划分的第二级，即关于应用问题的理论探讨。相比之下，属于第三级的内容，即汉字教学的大纲设计、教材编写以及教学模式等最具有应用性的领域，研究的深度和广度则相对较低。

这也是本书在得出外国人习得汉字的基本规律后，在尾声处试图探索的领域。我们希望能借此做好基础研究(汉字习得规律)与实际应用(对外汉字教学设计)的衔接工作，或至少能为这一工作开一个头。比如，在第六章，我们得出了对外汉语教学全体常用字的难度序列，虽然水平有限，但仍希望该表能在朱一之(1993)，陈仁凤、陈阿宝(1998)，易洪川等(1998)，安雄(2003,2005)，邢红兵、舒华(2004)等研究的扎实基础上，表现出较好的实用性和适用性。然而，无论采用怎样合理适用的基础字表，对外汉字的教学还是要依托教材、教法等具体实践才能实施，而对外汉语的教材、教法及教学体系等具体“产品”，需要兼顾的就不仅仅是汉字教学本身了，语音、词汇、语法等其他语言要素，对交际功能项目的安排、教材编写的体例、内容生动性的体现乃至设计者的总体语言教学观都是需要考虑的因素。也就是说，在绝大多数情况下，汉字教学并不是在“真空”中进行的，在第四章，我们的研究也已经证实了这一现象。那么，要探索最优的对外汉字教学模式，我们恐怕需要从主流的教材入手，分析其所代表的汉字教学体系，才能对这个问题有更清楚的认识（如图 11-1 所示）。

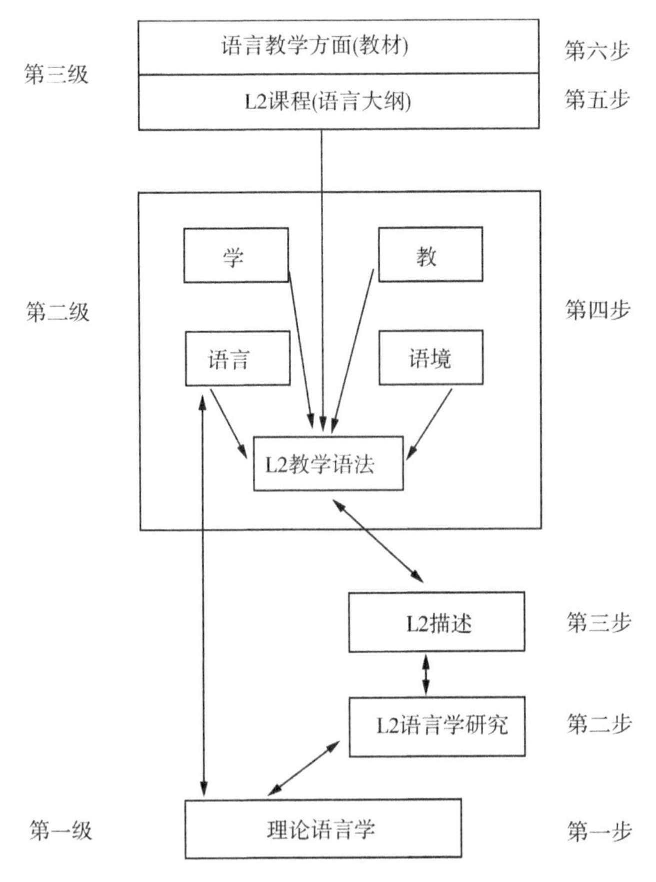

图 11-1　Stern 对应用语言学研究的分级

11.1　评价汉字教学体系的习得理论基础

考虑到我们在本书前面部分所做的工作能够为汉字习得的规律提供一个概览，而目前的汉字教学研究尚无法对各个不同的汉字教学体系的实施结果进行实证的检验，在此我们有必要再次列举汉字习得研究迄今为止的主要发现。我们认为，对于各家体系的评判只有参照这些相对客观的标准，才能有较好的说服力。这些结论包括以下几方面。

1. 关于汉字自身属性对习得的影响

（1）字频（尤其是在教材中呈现的字频）与习得结果呈现显著正相关。（本书第五章；江新，2006）

（2）笔画数与习得结果呈显著负相关。（本书第五章；冯丽萍，2002）

（3）部件数多的汉字更难掌握。（冯丽萍，2002）

（4）汉字的结构方式对于习得效果有显著影响。在独体、左右、上下、包围（包括半包围）四种结构中，独体字最容易掌握，左右结构的汉字最难掌握，但左右对称的汉字则容易掌握。（本书第五章；尤浩杰，2003）

（5）汉字的义符（或者说理据性）能帮助习得（本书第四章；李俊红、李坤珊，2005），从造字方式的角度解释，基本规律是表意性（包括义符组合的表意性）越显著的习得效果越好（本书第五章）。

（6）形声字是最难习得的一类汉字。（本书第五章）

（7）中级以上的学习者能够利用形声字的声旁来识别形声字，声旁表音度越高、本身能独立成字则帮助越大。（冯丽萍，2002；陈慧、王魁京，2001）

（8）汉字的构词能力与习得效果呈正相关。（本书第五章；江新，2006）

2. 关于环境因素对习得的影响

（9）若将汉字习得放在一个完整的汉语学习环境中观察，可以发现对汉字的掌握向上同整体的汉语听、说、读、写水平，向下同单个汉字的部件掌握精细程度都显著相关。（本书第四章；陈慧、王魁京，2001）

（10）按传统看法，好的教学法一般指向上对于汉字音、形、义三方面信息及组词能力的全面利用，向下对于汉字构成（笔画、笔顺、部件）的详细分析，它能对汉字习得起到促进作用，但需要时间的保证。（本书第八章；朱志平、哈丽娜，1999）

（11）单位时间（如每课）要求掌握的汉字过多会影响学习效果。（本书

第五章)

3.关于汉字习得发展过程

(12) 学习者的汉字认读情况与书写情况显著相关,但前者始终明显优于后者。(本书第五章;江新,2007a)

(13) 在汉字学习的较早阶段(大约6～9个月),学习者掌握汉字的总量增加,但在单位时间(或阶段)内能掌握的汉字数量(即增量)减少,后期则增量逐渐持平。(本书第五章)

(14) 在教学设计要求掌握的新汉字中,学习者无法认读和无法书写的比例先随时间推进逐渐增加,而后逐渐趋平。(本书第五章)

(15) 认读错误的比例随时间推进以平—升—降的趋势变化。(本书第五章)

(16) 写错字的比例随时间推进以先升后降的趋势变化。(本书第五章)

(17) 写别字的比例至少在第一年内是持续上升的。(本书第五章;江新、柳燕梅,2004)

(18) 别字的类型随时间变化,由形近别字逐渐转向音(同)近别字,最后出现的则是形、音都有关联的别字。(本书第五章)这可能是学习者获得形声字的声旁意识后导致的。(江新,2001)

4.从汉字学习者自身出发的研究结论

(19) 学习者普遍认为汉字很难,但都很重视汉字的学习,而且大都均衡地重视"认"和"写"两个方面。(本书第八章)

(20) 学习者对于学习汉字所需要的长时间普遍准备不足。只有坚持长时间不懈怠的学习者才能够得到成功。(本书第七、八章)有一部分学习者的汉字水平在经历大约6个月的学习后止步不前。(本书第五章)

(21) 学习者基本没有明确的汉字学习计划,也较少主动采用音、形、义的归纳等较高级的学习策略。(本书第八章;江新、赵果2001)

(22) 在学习过程中使用较高级的学习策略是有效的,而且也是能够通过训练获得的。(柳燕梅,2009a,b)

(23) 似乎决定汉字习得成败的关键因素是长期坚持努力,最有效的手段是反复地抄、默写。(本书第八章)回忆默写也许比重复抄写更为有效。(柳燕梅、江新,2003)

(24) 学习者的认知风格导致不同的汉字学习方式。独立型的学习者较少依赖教师和教学法设计,而依存型的学习者则更容易受到教学法因素的正面影响,而且他们还倾向于在真实环境中学习汉字。两类学习者都可能获得成功。(本书第八章)

除了上述规律以外,我们还必须考虑该汉字教学体系与整体(全书所代表)的对外汉语教学体系的结合。因为唯有兼具汉字教学合理性和整体汉语教学适用性的体系,才能称为成功的体系。

11.2　“改革型”的对外汉字教学体系

在第十章,我们提到最早在20世纪80年代,就有学者提出从根本上改变对外汉字教学的模式,要给予汉字教学一个独立的地位(雅·沃哈拉,1986)。总结起来,突出汉字教学独立性的较为激进的主张有:

(1) 提高教材中的“词/字比”,即在要求学生掌握较少数量的汉字的同时,通过教材编排,尽量多地呈现由这些汉字组成的词汇。一般认为这种做法的好处是可以减轻初期汉字学习的压力(因为控制了汉字数),同时不影响交际能力的提高(因为词汇量还是得到了保证)。主张这一做法的有卢绍昌(1987)、李芳杰(1998)、王若江(2000)等。

(2) 先“语”后“文”。即先进行脱离汉字的听说教学(采用汉语拼音辅助),在学习者具备一定的口头交际能力之后,再集中进行汉字教学。一般认为这样做的好处是可以在初期回避汉字教学这一“拦路虎”,避免挫伤学习者的积极性。而后期的集中识字阶段,由于学习者已经具备了较好的听说能力,识字可以更多地按照汉字的构形规律由浅入深、由易入难地开展,也更符合认知规律。主张这一做法的有潘先军(1999)、Dew(2007)、Guder(2007)等。

(3) “认”“写”分流,多认少写。这一派主张汉字的教学未必要脱离口语进行,但既然汉字的书写难度高于认读,那么可以要求学习者在初级阶段多认读,对书写作较低的要求。这样能取得更高的学习效率。支持这一做法的有江新(2005,2007a、b)、朱志平(2007)等。

我们可以发现,这三类主张如要实施,都需要对现有的汉字教学体系(我们称之为“随文识字”体系)进行巨大的变革,贯彻这些主张的教材与大众较为熟悉的主流教材会呈现出很大的差异,我们可以把它们称为“改革型”的汉字教学体系。下面我们逐一对其进行分析。

11.2.1 提高"词/字比"

"改革型"的教学体系都能从汉字习得规律中得到理论支持。提高教材"词/字比"的做法,符合第一部分中提到的汉字习得规律(11)"单位时间(如每课)要求掌握的汉字过多会影响学习效果"和规律(10)"强调汉字的构词能力有助于汉字习得"。此外,规律(13)和(14)其实也指向同一现象(实质都是过多的新汉字会影响学习效果)。

在实践中,贯彻这一思想的教材首推法国汉语教学专家白乐桑的《汉语语言文字启蒙》(以下简称《启蒙》)。该书是白乐桑与张朋朋共同编写,于1989年出版,是一部初级汉语教材。作者在教材的简介中指出:"本教材在总体设计上力图体现汉语字与词的关系这一特点,循汉语之本来面目进行教学,故本教材可称为'字本位教学法'。"这部教材多年来不断再版,与配套出版物形成了一个系列,在国际上也产生了很大的影响。1997年,华语教学出版社引进出版了《启蒙》及其续篇《汉语语言文学启蒙2》(以下简称《启蒙2》)。

《启蒙》开卷介绍了汉字的概貌,其中特别突出了汉字的笔画。正文之前,列有两张表:(1)汉字偏旁表,作者从现代字典部首中选择排列了92个有意义的偏旁,用法语逐一说明这些偏旁所表示的语义类别;(2)400字字表,根据作者的统计,这400个常用字,占常用字的66.27%,教材用字限制在这400字之内。作者在正课之前介绍,(笔画)—偏旁—常用字这样一种排列顺序,显示了一种书写逻辑,汉字是由小到大,由部件组合而成的;同时又不是简单的书写逻辑,其主线是语义逻辑,即汉字是有意义的结构单位,而这正是白乐桑"字本位"思想的主旨。教材分四个大的单元,除了"0"单元为两课外,其他三个单元,每个单元六课。各课的基本体例如下:

(1) 课文:基本课文(叙述体)。

(2) 词表:根据词性分组排列,标示汉语读音和法语对译词。

(3) 字表:为每个生字注音、解释常用字义以及由该字扩展的词。

(4) 书写:跟随式书写笔顺、汉字部件拆分与结构组合、古文字字形,说明字源。

(5) 注释:讲解句型、虚词用法。

(6) 运用:替换练习。

（7）文化：介绍中国文化。[①]

《启蒙 2》则根据学习者水平的提高，对体例作了相应的调整。该书开篇同样列出了汉字字表，但总量扩充到 900 字，作为学完两册之后的汉字要求。全书共 25 课，每课的体例为：

（1）课文：基本课文（叙述体），对话（口语体），手写体课文（书写形式）。

（2）词表：依据出现顺序列出本课生词，标示汉语读音和法语对译词。

（3）生词用法举例：对理解有一定难度、活用情况较多的生词给出例句。

（4）字表：为本课生词中出现的每个生字注音、解释常用字义以及由该字扩展的词，不同的地方是比第一册扩展的量更大，部分文字说明字源。

（5）单句：结合本课的句型以及“字表”所扩充的词汇，给出几十个例句供学生阅读操练。

（6）会话：给出十几段小对话（一般每段 2～4 个口语短句），实际上是结合本课的句型和扩展的词汇进行操练。

最为特别的是，《启蒙 2》作为一本初级阶段的教材，每课的体例中都没有专门讲解语法、句型的部分。

这样，学完两册教材，学生掌握汉字约 900 个，并掌握或熟悉由之扩展的词汇。而国内《对外汉语初级阶段教学大纲》的要求是，完成初级阶段的学生应掌握汉字 804 个。这样，《启蒙》及其续篇《启蒙 2》所覆盖的内容基本上就相当于国内所说的“初级阶段教学”。

要比较《启蒙》与传统教材的不同，我们可以选取两个角度：其一，从大纲看；其二，从具体的体例看。

《汉语水平词汇与汉字等级大纲》（以下简称《等级大纲》）这个纲领文件包含两个部分：词汇等级大纲和汉字等级大纲，由于先确定前者，再确定后者，所以形成的字词比例关系如下：

甲级词 1033 个→甲级字 800 个，字词比例为 1∶1.29。

甲乙级词 3051 个→甲乙级字 1604 个，字词比例为 1∶1.9。

甲乙丙级词 5253 个→甲乙丙级字 2205 个，字词比例为 1∶2.38。

甲乙丙丁级词 8822 个→甲乙丙丁级字 2905 个，字词比例为1∶3.34。

《等级大纲》是一种规范性的水平大纲，是我国对外汉语教学总体设计、

① 以上各项均用法语解说。

教材编写、课堂教学和成绩测试的重要依据，所以它具有很强的指导性。以此为基础，我们可以分析几个老版本（与《启蒙》同时期）的国内对外汉语教材的词/字比数据：

《基础汉语课本1》（外文出版社，1980年）：词266→汉字269，字词比例为1∶0.99（根据词汇总表统计，下同）。

《基础汉语课本2》（外文出版社，1980年）：词268→汉字218，字词比例为1∶1.23。

1、2册合计：词534→汉字487，字词比例为1∶1.09。

《汉语初级口语》（北京大学出版社，1997年）：词732→汉字600，字词比例为1∶1.22。

《汉语教程》第一册（上）（北京语言大学出版社，1999年）：词262→汉字264，字词比例为1∶0.99。

而《启蒙》则有明显差别：字400→词1586，字词比例1∶3.97。从以上比例数可以看出，以"词"为本位，"字"则处于从属的地位，汉字的利用率便很低，也就是说为了词的常用性，就不能太考虑学习汉字的数量问题。相反，以"字"为本位，就会以字的复现率、积极的构词能力为出发点，字词比例自然比较低。通过这种比例分析，我们发现传统教材在初级阶段学习汉字的任务非常艰巨，几乎学每一个词都要同时学一个新字。

我们再从具体的体例安排来看《启蒙》的特点。先浏览一下北京语言大学系列教材的大致体例及其发展情况：

《基础汉语课本》：替换练习－课文－（会话和短文）－生词－语法－练习－汉字笔顺表。

《实用汉语课本》[①]：课文（会话和短文）－注释－替换和扩展－扩充阅读－语法（及练习）－语音语调－汉字笔顺表。

《初级汉语课本》：生词－课文－语音－语法－练习。

《汉语教程》：课文（会话和短文）－生词－语法－语音－练习（包括大量替换练习）－汉字笔顺表。[②]

从中我们不难看出其继承性，而且较明显地表现出一个"传统法－结构法－结构功能法"的发展过程。但撇开具体的内容选择不谈，这些教材在展示方法上是极为一致的。与它们的体例对比，可以发现《启蒙》及其续篇《启

---

① 该书由北京语言大学刘珣等编写，商务印书馆出版。

② 以上每本教材均以具有代表性的某几课为例。

蒙2》的特色在于这样几个部分：

“字表”：为每个生字注音、解释常用字义以及由该字扩展的词。

“书写”：跟随式书写笔顺、汉字部件拆分与结构组合、古文字字形，说明字源以及由“字表”的特殊功能所扩展的“会话”；给出十几段小对话（一般每段2～4个口语短句），实际上是结合本课的句型和扩展的词汇进行操练。

可以看到《启蒙》的体例中，汉字教学的部分处理得要比北京语言大学系列教材更为精细，或者更为“传统”，更接近对内汉字教学的面貌，也更有文化气息。

《启蒙》的成功已为它在海内外的销量所证明，但它的局限性在于，它所提出的900字字表与完全掌握汉语所需的2000个以上的常用汉字有较大的差距，所以它并没有完全解决汉字学习的问题。使用这个教学体系的学习者，需要同等甚至更长的时间，才能完成全部常用汉字的学习，而它强调词/字比的做法，又使得它要求掌握的生词量远大于传统教材，其中还包括了较多的对于初学者来说并不十分常用的词汇，如“茶花”（第1课）、“唱机”（第3课）、“道教”（第2课）等。这无形中又增加了学习者的压力。另外，其生“字”的出现并没有遵循由易到难、由独体到复合这样的基本顺序，如早在第2课就出现了“谁”、第3课就出现了“得”“语”“都”这样比较复杂的汉字。就这一点来说，与传统的教材并没有什么差别。综合以上特点，我们可以认为《启蒙》的改革并不彻底，它对于传统汉字教学体系的改动仅限于“词/字比”这一点，它以牺牲少部分的识字量为代价，提高了所要求汉字的掌握精度，我们可以将其看作是“改革派”中的保守派。

11.2.2　“语”“文”分开

“语”“文”分开的思路在改革型体系中最为激进。从理论上讲，在初期不进行汉字教学，可以有效避免音、形、义信息的相互干扰，而在汉语的“音一义”联结稳固建立之后，较晚开始的汉字学习从总体难度上有所降低，且集中进行的汉字教学，可以全面参考习得规律（1）至（8），真正做到循序渐进，从而提高学习效果。这一思路的典型代表，当推张朋朋主编的《新编基础汉语》系列教材。

该教材具体分成《口语速成》《常用汉字部首》《集中识字》三册，作为一套完整的针对非汉字文化圈学生的初级阶段教材。全系列于2001年由华语教学出版社出版。

作者在教材前言中谈到，过去认为外国人学汉语、汉字存在困难，其实是因为教授这种语言和文字的方法不当。过去的方法是“语文一体”，即“口语”和“文字”的教学同步进行。这种方法和教授英语、法语等使用拼音文字的语言是一样的，然而对于汉语汉字却并不合适。他提出：

（1）汉字不是拼音文字，而是一种从象形文字发展而来的表意文字。汉字的形体不表示汉语的语音。因此，如果采用“语文一体”的方法，口语的内容用汉字来书写，将不利于学习者学习口语的发音，使汉字成为他们学习口语的“绊脚石”。

（2）汉字的字形是一个以一定数量的构件按照一定的规则进行组合的系统。因此，教学上，应先教这一定数量的构件及组合规则，然后再教由这些构件所组合的汉字。可是，“语文一体”的教法必然形成“文从语”的教学体系。也就是说，学什么话，教什么字。这种教法指导下，汉字出现的顺序杂乱无章，体现不出汉字字形教学的系统性和规律性，从而大大增加了汉字教学的难度。

（3）汉字具有构词性，有限的汉字构成了无限的词。“词”是由“字”构成的，知道了字音可以读出词音，知道了字义便于理解词义，“字”学的越多，会念的“词”就越多，学习“词”就越容易。“识字量”决定了“识词量”。因此，汉语书面阅读教学应该以汉字作为教学的基本单位，应该把提高“识字量”作为教学的主要目标。“文从语”的做法恰恰是不可能做到这一点的。因为，教材的编写从口语教学的要求和原则来考虑，自然要以“词”作为教学的基本单位，无暇顾及构词的“字”义。“语文一体”的教法等于是取消了汉字教学，从而大大影响了汉语书面语阅读教学的效率。

根据这种认识，《新编基础汉语》的教学设计遵循下列原则：

（1）教学初期把“语”和“文”分开。实现的方式是：口语教学主要借助汉语拼音来进行，对汉字不做要求。这样，汉字不成为“绊脚石”，口语教学变得容易。汉字教学另编教材，先进行汉字的字形教学，教材的内容从基本笔画入手，以部首为纲，以构件组合为核心。汉字字形教学和口语教学并行，这样，既有利于口语教学，又使汉字的字形教学具有了系统性和规律性，打好汉字学习的基础。

（2）先进行口语教学和汉字字形教学，后进行识字阅读教学。也就是说，汉字的认读教学不要在初级阶段进行，而应安排在进行了一段口语和在结束了汉字字形教学之后。

(3) 阅读教学应以识字教学打头，采用独特的识字教学法。应该就此编写适合外国人使用的识字课本，以“字”作为教学的基本单位，“以字组词”为核心，以快速提高学生的识字量和阅读能力为教学目标。

(4) 识字教学要和口语教学、阅读教学相结合。具体做法是用所识的字和词编写口语对话体课文和叙述体散文作为这一阶段教材的内容。这一阶段的教学，在练习方式上应该是一种综合“听、说、读、写”的教学。

把这些原则归纳起来，教学的总体设计就如表 11-1 所示：

表 11-1　《新编基础汉语》系列教材的总体设计

<table>
<tr><th>第一阶段</th><th colspan="2">第二阶段</th></tr>
<tr><td>口语课(学习并使用汉语拼音)</td><td rowspan="2">综合课</td><td rowspan="2">识字教学(集中识字)
口语教学(使用汉字)
阅读教学(散文小品)
写字教学(书写字句)</td></tr>
<tr><td>写字课(学习汉字的基本构件)</td></tr>
</table>

为了配合这套设计方案，《新编基础汉语》的三本教材分别对应三大块的内容。对于第一阶段的口语课，编写了《口语速成》；对于第一阶段的写字课(汉字书写入门)，编写了《常用汉字部首》；对于第二阶段的综合课，编写了《集中识字》。

这三本阶段性教材各自的体例也是特色鲜明。《口语速成》因为排除了汉字教学的压力，采取的是典型的“功能配合结构为纲”的模式。全书共 40 课，每课都以一个功能或者话题项命名，如“姓名”“国家、国籍”“咖啡厅、茶馆”“业余爱好”等，课文内容也围绕这个展开。具体到每一课，基本体例是：课文重要概念、名词的图示－课文(对话体，用拼音展示)－生词表(仅拼音)－替换练习－语法解释。和现在通行的分课型教学的口语教材相比，它的语法讲解、结构操练的比重显然较大，也出现了较多的语法术语。而和通行的精读教材比，它的特点除了功能为纲以外，最重要的一点是暂时排除了汉字的教学。总的来说，它除了用于表 11-1 所示的特殊的教学体系中的第一阶段以外，由于兼顾功能和结构，又不含汉字教学的内容，也适合用作对欧美人短期速成教学的综合教材。

但如果按照张朋朋的思路，显然汉字的教学只是出于降低教学难度的目的而暂时排除的，《常用汉字部首》一书应该作为习字课的教材，和《口语速成》同步配套使用。该书的体例较为单一，开篇列出基本笔画和常用部首共126项，然后逐项分别介绍。每项先列出该部首的字体发展(通常为四步)，并以中英文解释其形体意义。然后呈现该部首的笔顺表。之后列出包含该部首的几个常用汉字，每字给出局部分解和笔顺表，并对其构成从“六书”角度做出解释。最后留出习字格。通过这个方式，共介绍300个左右的常用汉字，但从设计思路来看，这些汉字并不作识记要求，教学的主要目的还是帮助学生熟悉常用部首和汉字构成方式。

按照设计，在同时学完《口语速成》和《常用汉字部首》之后，学生应该已掌握基本句型，具备初步的开口能力，并熟悉汉字的部首及构成。教学随之进入第二阶段即综合课，具体内容是集中识字并进行初步的读写训练。与之配套的教材是本系列中影响最大的一本，即《集中识字》。同《启蒙》的做法一样，开篇列出了字表，包括750个常用字。其后按照《千字文》的做法，将这750个汉字组成25个含有重复文字很少的长句，以供使用者随时复习巩固学习成果。全书正文共分25课，分别称为“识字一”到“识字二十五”，每课均介绍30个新出的汉字，共分5个部分，即识字、组词、口语、写字和阅读。

(1) 识字部分。每课的首页是识字部分，依次呈现30个生字，标出拼音、英语解释、本课短句中所出现的由它所组的词。为了方便记忆，将这30个汉字编写成一个句子，在字表下面列出。在选择生词并由此组句时，遵循下列原则：

句子含字量大，但本身要短小。因为汉字认读困难，记忆字音难，字音必须通过多次反复的认读才能记住，所以句子短小有利于学习者反复认读和背诵，使他们在最少的时间里可以获得最多的重复认读的次数。

句子的内容贴近日常口语，因为有关研究表明，学习者在口语中说过的字(词)感知和发音就比较容易。

既介绍词音、词义，又介绍字音、字义。

所选汉字尽可能是使用频率高和构词能力强的常用字。

(2) 组词部分。每课第二页的左侧是组词部分。一课出新组的词30个，尽可能是常用词。

(3) 口语部分。每课第二页的右侧是口语部分。口语课文围绕日常生活交际的内容来编写，并且用上新学的词语。这部分内容让学习者朗读，也可以进行口语会话练习。

(4) 写字部分。通过第一阶段的写字教学，学习者已经具有了书写汉字的能力，所以在第二阶段最重要的是将所教授的汉字清晰地展现给学生。

为此，每课第二页的底部把本课所教的新汉字用大号字体排出，以便摹写。

（5）阅读部分。从第十课起，每隔几课后有一篇叙述短文。其目的一是复习巩固所识的汉字，二是由汉字教学逐渐过渡到短文阅读教学，这也是识字教学的最终目标。

在课文后，附有本课口语部分所出现语法点的解释，以及相关的语法练习（客观题为主）。

根据实际情况看，如果严格按照教材的设计思路，学完三册课本，学生具备的听说读写能力大致相当于学完通行教材初级阶段的水平。

与《启蒙》相比，《新编基础汉语》显然具有更强的理论意识，而且力图从根本上解决汉字难学的问题。它提出的分步教学的模式，尤其是安排一个不教授汉字的口语阶段，十分激进。它是第一部也是目前唯一的完完全全根据“语文分开”原理设计的教材。

但是，作为激进改革派，《新编基础汉语》也存在明显的不足之处。

我们还是先从表 11-1 的总体设计出发来看问题。如果说第一阶段的口语课，使用《口语速成》可以解决文字与口语教学相互干扰的问题，那么同时进行的写字课的教学就比较难以操作了。《常用汉字部首》的体例过于单一，126 个部首以及由此扩展的 300 个汉字，在不跟实际交际发生联系的情况下，很难激发起学生的学习兴趣，课堂上恐怕也会非常单调。这样一来，初期分课型（口语/写字）的方法实际上难以成立。我们认为，或许初期设置为纯口语的单一课型，而利用少量课堂时间教授较少的部首和独体字，其效果和可操作性都会更好。

相比之下，第二阶段的教材《集中识字》存在的问题就更大。首先，从其设计的意图看，是希望兼顾由字扩词再扩句和读写教学集中进行这两个原则，但实际上却存在过于理想主义的倾向。它的汉字大纲为 750 字，仅通过 25 课来体现，造成每一课的容量过大（30 字）。根据本书第五章的研究，单课要求初学者掌握 25 个以上的汉字会使教学效果受到严重影响，这违背了汉字习得规律（11），而这种违背客观规律的做法在整个课本中屡次出现。其次，《启蒙》的字词比例接近 1∶4，而根据《集中识字》的生词表统计，字词比例又回到了 1∶1.2 左右，因为如果要维持 1∶4 左右的字词比，则课文生词量将达到 3000 左右，显然超越了单本教材所能涵盖以及学习者所能掌握的范围。最后，因为汉字的教学最终还是要作为语言教学的一个部分出现，所以完全参考汉字自身习得规律[规律（1）至（8）]循序开展的汉字教学并没有得到真正实现。综合考虑上述3点不足之后，我们对《新编基础汉语》系列教材乃至“语文分开”的教学设计的适用性产生了一定疑问。构成“汉字难学”的一个主要因素就是汉字总量大，而这个量(例如2905个对外汉语教学常用字)是绕不过去的，将汉字学习的开始时间推后，并不能降低这个量，甚至也不能真正实现完全按照汉字字形、笔画数等要素由浅入深地进行教学，反而会造成单位时间要求掌握字数过多这一违反学习规律的现象。这样看来，也许“语文分开”并不是提高汉字习得效率的最有效途径。

11.2.3 “认”“写”分流

“认写分流”“多认少写”的教学设计思路是基于汉字的读、写习得难度差异很大这一点提出的。我们在第五章的研究也证实了这一现象的存在。然而，在该部分我们也发现了同时存在的另一个现象，就是如果统计较大样本容量的汉字集合的习得情况，会发现汉字的认读情况与书写情况显著相关(相关度在0.8以上，且随时间推进有不断增高的趋势)。这两点合在一起，形成了汉字习得规律(12)。这样，无论从心理学关于“再认”和“回忆”的关系的研究，还是从教学中的实际效率来看，都可以认为单一汉字的认读和书写是不可分割的，提高其中一个方面有很大概率会促进另一个方面的掌握，反之亦然。再进一步推导，结论也许就是把认、读二者的掌握分开要求是一个“假命题”。至今尚未有一部教材贯彻了这一思路或许可从侧面佐证这个判断。当然，换一个角度考虑，随着电脑网络技术的高速发展，对于非母语者的汉字掌握要求，是否有一天会达成共识：大部分汉字学习的最终目标是只认不写？若如是，则届时我们需要重新考虑“认”和“写”之间的关系。

至此，我们发现几种“改革型”的汉字教学体系或者与传统型汉字教学区别不大，或者变化虽大但有“得不偿失”之嫌，或者并没有实际的可操作性。这使得我们产生了这样的考量：也许汉字学习的关键难点，比如，常用字总量大、“语”和“文”的循序性无法兼顾等是无法绕过的。传统的“随文识字”法也许并非一无是处。目前对于汉字教学的“最优解”，或许是在某种程度上对传统教学体系进行“改进”，使之尽可能多地兼顾全体汉字习得规律。下面我们遵循这一思路对现状进行分析。

11.3 “改进型”的对外汉字教学体系

传统的对外汉字教学体系，其核心是“随文识字”。以往我们认为这是造成学习者“汉字难学”问题的根源。从汉字学习本身(尤其是字形教学)出发考虑,各方面都有对其进行改革的呼声和动力。然而,如11.2部分所述,在实际的教学设计和实践中,这一改革思路面临着许多困难。那么,既然我们已经初步掌握外国人汉字习得的整体规律,有没有可能尝试对传统体系进行一定程度的改进,使之尽可能多地符合我们所总结的习得规律?至少从我们所收集的主流汉语教材来看,这种改进正在发生。下面,我们按照对汉字教学处理的细致程度由低到高,来看看四本发行量最大、目前都得到广泛使用的对外汉语初级教材的汉字教学设计情况。

11.3.1　《汉语教程(修订本)》第一册

《汉语教程(修订本)》第一册(上、下)由杨寄洲主编,2006年北京语言大学出版社出版,是在该书1999年第一版的基础上修订而成。该书是国内对外汉语初级教学的代表性教材,全书上下册共30课,设计学时约70课时,在正规长期教学中,大约可供使用一个学期。

在前言中,作者提出该书的指导思想是:以语音、语法、词汇、汉字等语言要素的教学为基础,通过课堂训练,逐步提高学生听说读写的言语技能,培养他们用汉语进行社会交际的能力。该书课文的体例是:(1)课文,(2)生词,(3)注释,(4)语音、语法,(5)练习。

无论从《汉语教程(修订本)》的指导思想、体例还是从实际使用后的反馈来看,都体现出它是一本秉承北京语言大学一贯的“结构、功能、文化相结合”的宗旨的、强调语言要素扎实掌握和分技能训练相结合的“正统派”的教材,语法结构始终是其核心线索。在这一体系中,汉字的教学处于“附庸”的地位,其表现为:(1)作者只整理了全书的总生词表,而没有任何形式的字表;(2)基本上没有对汉字的笔画、部件进行说明的部分;(3)全书的练习部分主要以语音、词汇、语法结构的练习为主,一般仅有每课最后一个练习为汉字书写练习,形式是连续田字格展现汉字的笔顺,要求学习者进行书写。且该部分并不一定涵盖该课所有新出现的汉字,选字的原则不清楚。

以第14课为例,该课练习部分的安排依次为:(1)语音练习,(2)替换(结构)练习,(3)用指定词完成句子,(4)组句(连词成句),(5)句型转换,(6)读后说,(7)写汉字。其中,第7题展示笔顺并要求书写的汉字共12个,为:刚近欢迎开点儿喝自车色蓝。根据我们的手工统计,该课实际出现的新汉字共22个,为:啊杯车出点啡虎经久近开咖蓝辆摩汽色托颜最自租。不但数量明显多于前者，而且前者所要求练习的汉字中大部分并不是该课实际出现的新汉字，而是已经在前几课中出现过的。这不仅使得练习(7)的目的性不明确，也会使非汉字圈的学习者及其教师难以把握汉字教学的实际目标。再反观该课的其他练习，练习(2)(3)(4)(5)(6)全部只以汉字呈现，要求学习者以阅读或书写汉字完成，其实际难度明显高于练习(7)。可以认为，这样的汉字教学设计合理性较低，或者说，它并没有为师生双方在汉字方面提供工具和便利，反而需要他们为此自行做出额外的努力：比如，手工统计新汉字、额外设计汉字练习等。

最后从总体数据上分析一下该书的汉字教学。据手工统计，该书生词表(包括专有名词)共要求掌握生词 784 个，实际要求掌握汉字共 635 个，字词比为 1∶1.23。新出汉字按课分布的情况如图 11-2 所示：

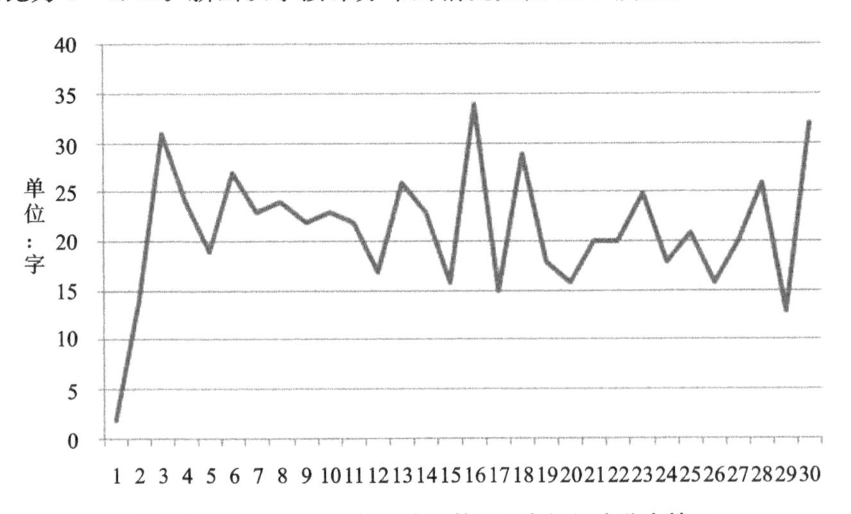

图 11-2 《汉语教程(修订本)》第一册各课汉字分布情况

数据显示每课新出汉字数最少为 2 字(第 1 课)，最多为 34 字(第 16 课)，均值为 21 字，标准差为 6，波动极大。

《汉语教程(修订本)》的汉字教学体系基本没有经过总体设计，是最原始的"随文识字"。这样粗放的教学体系基本上没有主动去适应 11.1 部分提到的任何汉字学习规律，但我们可以把它视作对外汉字教学研究和设计的起点状态，作为参照物，来观察其他教学体系的进步性。

11.3.2 《博雅汉语——初级起步篇 (第二版)》(I、II)

《博雅汉语——初级起步篇》第一版是我们建立"外国人汉字习得数据

库”的基础，由徐晶凝、任雪梅主编，北京大学出版社2004年出版。在经过较大的修订后，第二版于2012年发行。按照编写者的自述，《博雅汉语——初级起步篇（第二版）》（以下简称《博雅汉语（第二版）》）以结构为纲，寓结构、功能于情境之中，从实际使用的反馈来看，其对语法结构的处理比《汉语教程（修订本）》略为淡化，内容更为贴近当下留学生在中国社会的生活，练习形式也较为多样，第二版还区分了课内练习和课外练习，后者有单独的练习册。全书基本上可供正规教学机构使用两个学期。

虽然同为主要在中国国内使用的教材，该书对汉字教学的重视有所提高。这表现为：(1)第Ⅰ册的练习册最后给出了汉字索引（总表），使得教学双方对汉字教学有了较为明确的目标；(2)在全书开始对汉字笔画及其名称进行了介绍；(3)汉字或和汉字学习有关的练习明显增加，第一版基本上和《汉语教程（修订本）》一样，只有每课最后一个书写练习，而第二版的教材，在课外练习册中，增加了量更大的汉字抄写练习、汉字部件拆分练习、为汉字注拼音（认字练习）、看拼音写汉字、找出汉字的偏旁、根据偏旁组字、换偏旁组成新的字等练习。第Ⅱ册的课外练习部分则增添了写同音字、辨字组词、注音并组词等同样与汉字学习密不可分的练习形式。若将第二版教材和第一版教材进行全面的对比，以上几项与汉字教学有关的改进几乎占到全部改动的70%以上。

从总体数据上分析该书的汉字教学设计，发现该书Ⅰ、Ⅱ册要求掌握生词（包括专名）共1500个，要求掌握汉字共1048个，字词比为1∶1.43，优于《汉语教程（修订本）》，新出汉字按课分布的情况如图11-3所示：

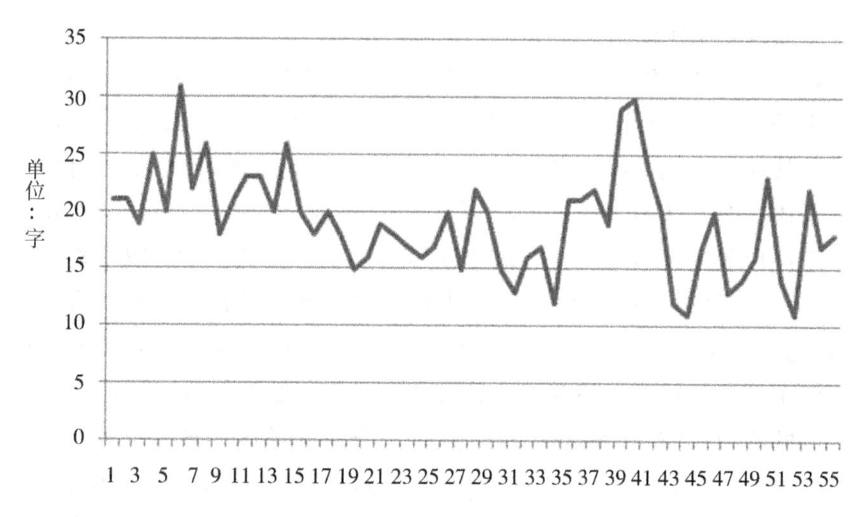

图11-3 《博雅汉语——初级起步篇（第二版）》（Ⅰ、Ⅱ）各课汉字分布情况

数据显示每课新出汉字数最少为 11 字(第 44 课、第 52 课),最多为 31 字(第 6 课),均值为 19.16 字,标准差为 4.5,二者均较显著地小于《汉语教程(修订本)》的数值。

总的来看,《博雅汉语(第二版)》虽然仍由生词表决定汉字表的构成,但对后者作了较好的整理,并对汉字的音、形、义、构词等各个方面都设计了配套的练习。全书单课要求掌握的汉字数比《汉语教程(修订本)》少,课间波幅明显降低,词/字比显著改善。这些改进符合汉字习得规律(5)(9)(10)(11),同时较为合理的教学设计以及大量的辅助练习可以降低学习者对汉字学习的"心理难度",或许可能由此激发导致学习成功的关键因素——持续努力[规律(20)和(23)]。

11.3.3 《新实用汉语课本(第 2 版)》(第 1、2 册)

《实用汉语课本》由刘珣主编,自 20 世纪 80 年代以来一直是在海外普遍使用的对外汉语教材,主要以非汉字圈学习者,尤其是英语母语者为教学对象。《新实用汉语课本》于 2002 年出版,为适应时代的需要,其理念、内容、体例都发生了巨大的变化,又经过 8 年使用,于 2010 年经修订后出版了第 2 版。

《新实用汉语课本(第 2 版)》秉承作者一贯主张的结构－功能－文化相结合的理念,但也作了很多具有创新性的改进,如语言点以圆周式而非直线式编排、将所涉内容拓展到校园生活之外等,其中对汉字教学的重视与独特设计是这些改变中的重要一项。

教材课本部分的汉字教学有一个较为独立的阶段,即第 1—6 课。该部分采用"语文适度分开"的形式,先选学 60 个常用、易学、组合能力强的基本汉字及其部件。这些汉字并不一定在该课课文中出现,但全都符合作者提出的上述标准。从第 7 课开始,才进入传统的"随文识字"。该书典型的课文体例是:(1)课文,(2)练习,(3)语法,(4)汉字,(5)文化知识。汉字教学成为一个独立的部分,而且就篇幅而言,占比几乎都超过语法。如第 7 课语法部分占 3 页,而汉字部分占 6 页;第 11 课语法部分占 3 页,而汉字部分占 4 页。

汉字部分的构成一般为:(1)汉字基本知识(如对笔画、笔顺规则、形旁声旁等的介绍);(2)认写基本汉字(这个部分所介绍的一般是能成为合体汉字部件的字,它们并不一定在本课中出现过,但基本上都是构成本课汉字的部件);(3)认写课文中的汉字。该部分的典型体例为:(1)呈现一个含有新汉字的生词及其拼音；(2)呈现该生词中所包含的新汉字；(3)将该字拆分成最小部件；(4)注明笔画数；(5)用英文说明该字的构成理据和规则，如从字源介绍象形、会意字，分别介绍形声字的形旁、声旁等，少数汉字还配有古文字或者图画的说明(如“家”字)。例如(取自第八课的一例)：

(2) 照片 zhào piàn

照→ 日 ＋ 刀 ＋ 口 ＋ 灬　13 strokes

(The meaning part is “日” and the phonetic part is “召”.)

这与教师在课堂上讲解汉字的形式十分接近，但将这个过程在课本中直接展示的做法，过去是比较少见的。

《新实用汉语课本(第2版)》的配套练习册将每课的课后练习分为听说练习和读写练习两大块。在读写部分，汉字练习的比重要超过语法结构练习。汉字练习形式按出现的大致顺序包括：(1)按笔顺抄写汉字；(2)辨别结构并抄写汉字；(3)为汉字注音并写出笔画数；(4)为汉字注音并与图片连线；(5)将拼音与汉字连线；(6)为整个句子的汉字标注拼音并译成英文；(7)不看课本，尽量写出本课全部汉字；(8)听写汉字；(9)为汉字注音并分解为部件；(10)选择适当的汉字填空(字形辨别)；(11)为部件添加另一部件组成汉字、区分形近字；(12)注音并找出相同部首；(13)猜字谜；(14)注音并译成英文；(15)看拼音写汉字；(16)猜测由已学汉字组成的新词的词义；(17)根据形旁写形声字；(18)为汉字添加部件组成新字并造句；(19)为汉字注音并组词。

《博雅汉语(第二版)》仅在第一册给出了完整的汉字表，而《新实用汉语课本(第2版)》1至4册都同时配有生词表和汉字表，它的汉字表的特色在于包括了较多的在课文中并未直接出现的“部件字”，如“刀”(第2课)、“皿”(第10课)等。教材1、2册要求掌握生词约925词、汉字585个，字词比为1∶1.58，明显优于《博雅汉语(第二版)》。汉字按课分布的情况如图11-4所示：

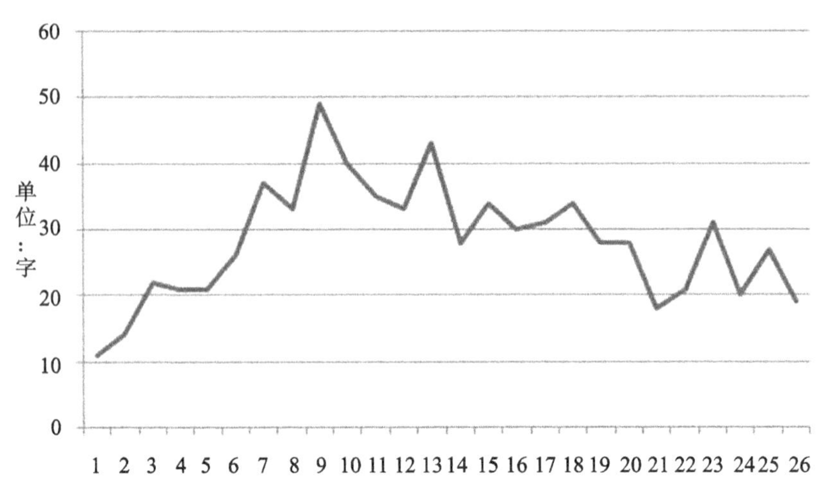

图 11-4 《新实用汉语课本(第 2 版)》(1、2 册)各课汉字分布情况

数据显示，从第 7 课到第 26 课(排除作为导入部分的前 6 课)，每课最少要求掌握汉字 18 个(第 21 课)，最多要求掌握 49 字(第 9 课)，均值为 31，标准差为 7.96，这些偏大的数据显然不利于学习，但考虑到《新实用汉语课本(第 2 版)》每课的容量要显著大于前两本教材(1、2 册总共才 26 课)，或许实际的影响并没有那么大。

总的来看，《新实用汉语课本(第 2 版)》为改进"随文识字"作了更多的努力。由于是一本主要面向英语母语者的教材，所以它把汉字教学真正作为一个重点和难点来对待。汉字总表贯穿了全书，词/字比显著改善，丰富的练习形式使得汉字的音、形、义等相互关联、影响的环节得到了充分的关照，可以说，《博雅汉语(第二版)》所遵循的汉字习得规律，在这本教材中得到了更好、更深入的体现，唯一遗憾的是单课认字数太多及课间波幅大的问题没得到解决[违反规律(11)]。

11.3.4 《当代中文(修订版)》(*For Beginners*)

《当代中文》由吴中伟主编，华语教学出版社 2003 年出版，和《新实用汉语课本(第 2 版)》一样，是一部主要面向海外非汉字圈学习者的汉语教材。为适应汉语国际推广的需要，2010 年，作者对原书进行较大修改后推出了《当代中文(修订版)》(*For Beginners*)，吸收了原书 1、2 册的部分内容，并推出了多种语言版本(此处以英文版为例)。该书从容量上看略小于《汉语教程(修订本)》第 1 册和《博雅汉语(第二版)》I、II，大致相当于《新实用汉语课本(第2版)》1、2册。

改版后的《当代中文(修订版)》(*For Beginners*)实际共21课(第0—20课),其中第0课介绍语音和汉字方面的基础知识,没有课文内容。作者自述该教材的特点之一是适用性广,从其独具一格的体例就可见一斑。该教材实际分成平行的三个部分(三册):课本、汉字本、练习册。课本和练习册基本上不涉及专门的汉字教学和练习,而只注重听说技能的训练和语法知识的讲解。汉字学习单列一册,第0课介绍汉字的笔画、笔顺、部件、结构、字词关系、六书造字等基础知识,并顺势介绍40个具有代表性的基础汉字。其余部分每课的体例基本上是:

1. 依次介绍本课出现的新汉字,形式为:呈现汉字→该字笔画数→该字拼音→单字义(英语)→笔顺展示→切分成最小构件→组词/句→要点注释(用英语解释该字音、形、义方面的特点)。如(取自第一课):

> 您 11 nín a polite form for 你
> 笔顺展示
> 你 十 心
> 您好!
> Note:心(xīn),heart is added to 你 to indicate respect.

2. 在田字格中抄写上述汉字

3. 练习,依据大致的出现顺序,包括以下形式:

(1)加偏旁使之变成另一个字,(2)写出含有下列偏旁/部件的汉字,(3)补上丢失的笔画,(4)组词,(5)看拼音写汉字,(6)在句中猜测字义,(7)比较汉字并注上拼音,(8)给多音字注音,(9)根据上下文写出同音字。

每课练习的总数约为5个,略少于《新实用汉语课本(第2版)》练习册。

4. 关于汉字的其他知识(英语介绍)

在《当代中文:汉字本》末尾,作者给出了全书所要求掌握的汉字总表,其中要求必须掌握的564字,扩充字120字。全书要求掌握生词758个,不包括扩充字覆盖的范围。因此其字词比为1∶1.34,高于《汉语教程(修订本)》而低于其他两本教材。

除第0课外,该书汉字按课分布情况如图11-5所示:

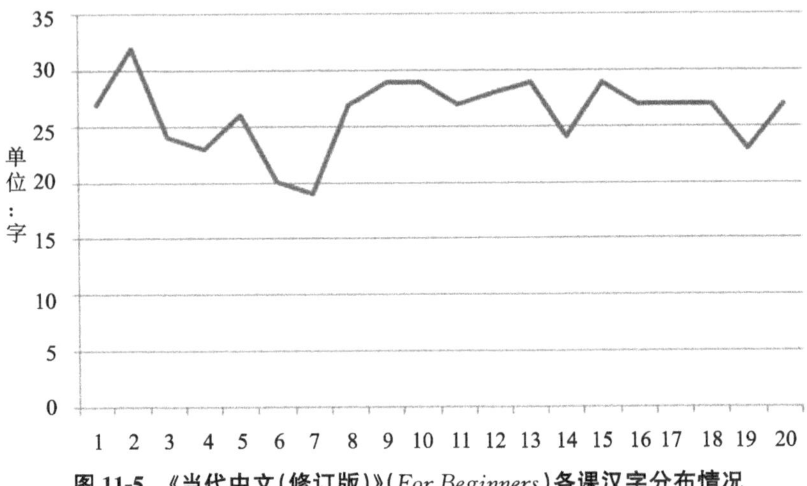

图 11-5 《当代中文(修订版)》(*For Beginners*)各课汉字分布情况

数据显示该课本要求掌握汉字最多 32 字(第二课),最少 19 字(第七课),平均每课要求掌握汉字 26.2 个,标准差 3.19 字,在几本教材中最为平均。

人们很容易把《当代中文(修订版)》(*For Beginners*)(以下简称《当代》)和《新实用汉语课本(第 2 版)》(以下简称《新实用》)进行直接的对比。二者都是针对非汉字圈学习者(尤其是英语母语者)设计的、主要在学习者母语环境中使用的教材,发行量都很大,在汉字教学方面都做了很多有益的尝试。可以看到,《当代》不仅把汉字教学作为教学的重点和难点,而且将其视作一个具有独立性的部分。对于新汉字的呈现,它与《新实用》一样,尽量模仿教师课堂教学的环节。它的汉字练习形式虽然没有《新实用》丰富,但目标较为明确,编排更为规整,对师生双方而言有较好的实用性。最重要的是它每课新出的汉字数量较为平均,可以更好地遵循汉字教学规律(11)。不打破"随文识字"的格局,而将全部的汉字学习任务单独列为一册的做法,似乎也暗示着作者认为汉字的学习可以主要由学生在课堂以外完成,对教师课堂教学的依赖度较小。我们在第八章的研究,证明了至少对于一部分学习者而言,这是可行的,而在北美地区的很多汉语教学项目中,事实上对于汉字教学采用的也是这一途径(学生自学+课堂检查)。

11.4 理论反思

在开始本书的研究时,我们相信汉字习得的规律会支持一条改革型的教学途径，使得将来的汉字教学可以从方法论上获得巨大的突破，真正由“难”变“易”。但当我们尽可能地观察了外国人学习汉字的全景之后，这种信念便有所动摇。这种动摇不仅是由于我们发现汉字的习得过程受到不同方面多种因素的共同制约（汉字本身属性、环境、学习者个体差异），也因为对外汉字教学在绝大多数情况下都无法和其他语言要素和技能的教学完全分离。“改革型”的汉字教学体系，无论是“语文分开”“认写分流”还是“提高词/字比”，虽然能最大程度地迎合汉字学习的某一项或几项规律，但是却不免与其他规律发生严重的“冲突”，而在实际应用中也难以和语言教学的其他方面很好地兼容。

因此我们更倾向于对“随文识字”的传统汉字教学模式进行改进，使之尽可能多地满足汉字习得的各项规律。这种改进需要在教学中不断地试验和积累，第三部分介绍的几本教材和体系就反映了这样一个随时间推进不断进步的过程。这种改进也需要平衡和妥协的艺术，在教材和教学设计中的“取舍”往往会成为成败的关键因素。目前看来，已经着手改进的方面有：

（1）在生词表的基础上，整理出教材的汉字索引（新汉字表）。

（2）调整生词表和课文内容，使得每一单元新汉字的数量都保持相对均衡。

（3）调整生词表和课文内容，获得较理想的字词比和汉字复现率。

（4）为汉字教学设置一个初始阶段，集中讲解汉字的笔画、笔顺、部首、结构、造字方式、构词方式、字源等基础知识。

（5）对课本中的每一个新汉字，采用“字形＋笔顺＋结构＋意义＋组词/句＋要点讲解”这样全面的呈现方式。

（6）配置内容丰富、覆盖面广（形、音、义、组词等各方面）、形式多样的汉字练习。

（7）将汉字教学当作一个重要但相对独立的环节来处理（如单列为一册）。

而根据本书的研究结果，接下来可以考虑的做法有：

（8）既然可以大致确定全体常用字的习得难度水平（第六章），那么虽然“随文识字”的方式不易打破，但可以对难度水平（值）高的汉字进行弥补式的教学。我们已经证实，课本字频对于习得难度的影响非常之大，那么最简单直接的做法，显然就是对课本中出现频率相对较低的汉字给予更多的练习次数和复习总结，尤其是在这些汉字的自然字频比较高的情况下。［规律

(1—8)]

(9) 阶段性地进行识字量自测,使教学双方更明确汉字习得的实际进展,学习者可以对未习得部分进行个性化的补救学习。

(10) 在传统的练习、复习手段之外,寻找更多新的方法(如安排各种课堂内外的“任务”、利用手机 App 等),使得学习者能够尽量多地读、写汉字索引所要求掌握的汉字,并且能较长时间地保持对学习汉字的积极态度,直至汉字学习对他们而言成为一个与词汇、语法学习难度差别不大的过程。[规律(20)(23)(24)]

总而言之,汉字教学的诸多规律中,有些是汉字本身固有的特点(如汉字总量大,音、形、义及其彼此结合方式复杂等)造成的,它们难以改变,需要教学双方以良好的心态和扎实的态度去面对,有些则可以通过调整学习方式更好地遵循。就目前的研究水平而言,要使外国人的汉字学习成为一个“简单任务”,恐怕无法实现,但用合理的态度和方法去面对困难,帮助尽可能多的学习者早日克服困难,却一定是一个“能够完成的任务”。

当然,上述的结论都是基于对教材和教学体系的直观分析和评价而得出的,我们认为真正可靠的评价,必须基于来自教学实验的数据。本研究目前尚无力涉及这个层面。我们坚持研究外国人汉字习得的规律,其目的是为了更好地处理(诸多结论使得我们无法使用“克服”这个词)“对外汉字教学”这个难点,因此这些实验是我们将来必须着手的工作。

第十二章 结论

本书采用了不同的方法，从不同的角度观察了外国人习得汉字的规律，因此得出了比较多的发现。这些结论在 9.2 部分和 11.1 部分已经逐条列出，其中有些在之前已被其他学者反复证实，有些则是新的发现。由此推导出的教学建议却和当前学界推崇的做法有些差别。正如我们在第十一章结尾部分所言，在较大规模的教学实验得到开展之前，关于教学的观点只能停留在“建议”的层面，但在本书的结尾部分，我们可以从一个客观的角度，以本书的研究结论为主，辅以其他学者对于汉字习得问题的研究，重新完整梳理一下汉字“习得”的规律，并提出一些理论思考，而把真正的“结论”留给读者去做。

12.1 汉字的固有性质与汉字习得的难点

汉字是目前世界上唯一仍在广泛使用的自源文字（由汉族先民自行就汉语特点创造和改进的文字体系）。从类型学和文化传承的角度看，它具有极高的价值。然而，自源文字天然的表意性强、字符数量多的特点，对于学习者来说却不那么“友好”。概括起来，外国人学习汉字的困难可能源自下列因素：

(1) 汉字对母语是字母文字的学习者来说，是一种全新类型的文字体系，学习者需要适应汉字不仅表音而且也表意的特点。

(2) 汉语有大量的同音异形异义字。

(3) 汉字总数以千计，远超任何拼音文字体系。

(4) 汉字结构形式独特、多样，规律很复杂。

(5) 汉字笔画数多寡不均。

(6) 汉字义符总量大，且无明显规律。

(7) 汉字音符总量大，且表音效率低。

(8) 汉语的专名也用汉字表示，加大了学习难度。

在学界，曾多次出现过“汉字不难”，对外汉字教学遇到困难是“路子问题”的呼声。从感情上，我们很愿意相信这是事实。然而，如果进行换位思考，作为一个学习任何字母文字体系的汉语母语者，不管所面对的是拉丁字母体系、斯拉夫字母体系、希腊字母体系还是日文的假名，我们都很难想象上述汉字的学习难点仍然存在。所以，“汉字难学”在我们看来是一个客观事实，既然各方面的因素使汉字的进一步简化不可能成为一个选项，那我们就必须正视这个困难，用踏实的态度去面对它。当然，如果能通过有效的手段，使得教、学双方，尤其是学习者从情感上相信“汉字不难”，或许会对整个汉字的学习产生极大的推动作用。在第八章的末尾，我们初步谈到了这方面的内容。但至少目前来看，我们还没有找到这样“特别有效”的手段。

12.2 汉字的自身属性对习得的影响

汉字是形、音、义的结合体，具有记录上述三者的功能；同时，单个的汉字又和汉语的语素一一对应，对学习者而言，直观的感觉就是“汉字构成词”。汉字的字形、表音、表意、构词规则又都相当复杂，这些方面的属性/难易程度直接决定着某一汉字整体的习得难度。通过建立“外国人汉字习得数据库”，我们初步得出下列结论：

(1) 字频（尤其是在教材中呈现的字频）与习得结果呈现显著正相关。

(2) 笔画数与习得结果呈显著负相关。

(3) 部件数多的汉字更难掌握。

(4) 汉字的结构方式对习得效果有显著影响。在独体、左右、上下、包围（包括半包围）四种结构中，独体字最容易掌握，左右结构的汉字最难掌握，但左右对称的汉字则容易掌握。

(5) 汉字的义符（或者说理据性）能帮助习得，从造字方式的角度解释，基本规律是表意性（包括义符组合的表意性）越显著的习得效果越好。

(6) 形声字是最难习得的一类汉字。

(7) 中级以上的学习者能够利用形声字的声旁来识别形声字，声旁表音度越高、本身能独立成字则帮助越大。

(8) 汉字的构词能力与习得效果呈正相关。

通过对字频、笔画数、结构方式、构词能力等进行量化研究，我们得出了对外汉语教学全体常用字（2905字减去专名用字）的习得难度序列表。但这个列表无法纳入具体的教材因素（尤其是教材字频这个重要变量），而对具体的学习者而言，更真实的习得难度列表应当纳入其所使用的教材数据，使用6.3部分提出的方程式1得出。

12.3　汉字习得的发展过程

无论对于母语者还是外国人，汉字的学习都是一个为期不短的过程。数据库显示，对处在正常教学环境中的外国人来说，学习汉字一般会经历如下的发展过程和规律：

(1) 学习者的汉字认读情况与书写情况显著相关，但前者始终明显优于后者。

(2) 在汉字学习的较早阶段(大约6～9个月)，学习者掌握汉字的总量增加，但在单位时间(或阶段)内能掌握的汉字数量(即增量)减少。后期则增量逐渐持平。

(3) 在教学设计要求掌握的新汉字中，学习者无法认读和无法书写的比例先随时间推进逐渐增加，而后逐渐趋平。

(4) 认读错误的比例随时间推进以平—升—降的趋势变化。

(5) 写错字的比例随时间推进以先升后降的趋势变化。

(6) 写别字的比例至少在第1年是持续上升的。

(7) 别字的类型随时间变化，由形近别字逐渐转向音(同)近别字，最后出现的则是形、音都有关联的别字。这可能是学习者获得形声字的声旁意识后导致的。

汉字习得的这种进程当有一定的普遍性，而以别字的出现情况为典型现象，可以认为汉字习得过程中也存在一种“中介”状态，即在特定阶段偏误(认错字、写错别字)具有积极的意义，这点尤其需要引起教师的重视。

12.4　学习者因素对汉字习得的影响

(1) 若将汉字习得放在一个完整的汉语学习环境中观察，可以发现对汉字的掌握同学习者整体的汉语听、说、读、写水平显著相关，也和学习者对单个汉字的部件掌握精细程度显著相关。

(2) 按传统看法，好的教学法一般指向上对于汉字音、形、义三方面信息及组词能力的全面利用，向下对于汉字构成(笔画、笔顺、部件)的详细分析，研究表明这些都对汉字习得起到促进作用，但需要时间的保证。

（3）单位时间（如每课）要求学习者掌握过多的汉字会影响学习效果。

（4）学习者普遍认为汉字很难，但都很重视汉字的学习，而且大都均衡地重视“认”和“写”两个方面。

（5）学习者对于学习汉字所需要的长时间普遍准备不足。只有坚持长时间不懈怠的学习者才能够获得成功。有一部分学习者的汉字水平在经历大约 6 个月的学习后止步不前。

（6）学习者基本没有明确的汉字学习计划，也较少主动采用音、形、义的归纳等较高级的学习策略。

（7）在学习过程中使用较高级的学习策略是有效的，而且也是能够通过训练获得的。

（8）似乎决定汉字习得成败的关键因素是长期坚持努力，最有效的手段是反复地抄、默写。回忆默写也许比重复抄写更为有效。

（9）学习者的认知风格导致不同的汉字学习方式。独立型的学习者较少依赖教师和教学法设计，而依存型的学习者则更容易受到教学法因素的正面影响，而且他们还倾向于在真实环境中学习汉字。两类学习者都可能获得成功。

相对汉字自身的属性，学习者因素是比较容易干预和改变的。在这一领域，本研究最大的发现在于“努力程度”（也许代表着动机强度）对于学习成败的决定性影响力。从认知心理学原理上，这个因素也能得到有力的支持（即努力的学习者对汉字进行了足够强度的“精细复述”）。然而，“努力程度”是由什么因素决定的，如何去促进学习者用更多的时间和精力去学习，仍有待探究。

12.5 对汉字教学的建议

上述汉字习得规律能够得到汉字习得实证研究结果和认知心理学原理的支持，因此虽然目前没有能力进行全面的汉字教学实验，我们仍然可以提出关于对外汉字教学的建议。其中，我们最主要的一个观点就是对于现行汉字教学体系进行激进的改革未必是一个合理的方向。虽然学界对“语文分开（先语后文）”“认写分开（多认少写）”的教学体系有很高的呼声，但这些方案都只能照顾到汉字习得规律中的少数几条，又会牺牲对其他规律的照顾。考虑到汉字习得是一个漫长的过程，相对而言，课内外的教学用时和其他教学资源又相对有限，我们更主张对广为诟病的"随文识字"体系进行扎实的改良，具体的做法可以有如下几条：

(1) 在生词表的基础上，整理出教材的汉字索引(新汉字表)。

(2) 调整生词表和课文内容，使得每一单元新汉字的数量都保持相对均衡。

(3) 调整生词表和课文内容，获得较理想的字词比和汉字复现率。

(4) 为汉字教学设置一个初始阶段，集中讲解汉字的笔画、笔顺、部首、结构、造字方式、构词方式、字源等基础知识。

(5) 对课本中的每一个新汉字，都采用"字形＋笔顺＋结构＋意义＋组词/句＋要点讲解"这样全面的呈现方式。

(6) 配置内容丰富、覆盖面广(音、形、义、组词等各方面)、形式多样的汉字练习。

(7) 将汉字教学当作一个重要但相对独立的环节来处理(如单列为一册)。

(8) 可以对难度水平(值)高的汉字进行弥补式的教学。对课本中出现频率相对较低的汉字给予更多的练习次数和复习总结，尤其是在这些汉字的自然字频比较高的情况下。

(9) 阶段性地进行识字量自测，使教学双方更明确汉字习得的实际进展，学习者可以对未习得部分进行个性化的补救学习。

(10) 在传统的练习、复习手段之外，寻找更多新的方法(如安排各种课堂内外的"任务"、利用手机 App 等)，使学习者能够尽量多地读、写汉字索引所要求掌握的汉字，并且能较长时间地保持对学习汉字的积极态度，直至汉字学习对他们而言成为一个与词汇、语法学习难度差别不大的过程。

上述的建议需要通过更多的教学实验加以验证。

12.6　对进一步研究的展望

围绕汉字自身特性展开的习得研究一般依赖大数据来展示其客观规律。我们的研究由于采用纵向方法，因此在广度上只做到了大样本的下限——只调查了 30 名学习者的情况。如果在将来我们或者其他研究者能扩大样本容量，或采用其他汉字教材作为调查的对象，将能很好地检验并修正我们得出的结论，由此得出的汉字习得难度序列表也将更有说服力。

此外，尽管我们努力观察汉字学习的“过程”，但在作为本书主体的第五章，所作的纵向研究采取的仍是观察几个特定时点的数据采集方式。若能利用心理语言学的最新技术手段，如眼动仪、脑电研究等，是可以观察更为微观的汉字学习过程的（如对于具体某一个汉字习得的过程和规律）。在这一领域，白学军等（2010）、闫国利等（2008）以及于鹏（2011）等学者已贡献了大量有关研究。我们认为这是今后把外国人汉字习得研究继续深化的主要方向。

我们关于学习者的研究，在采用了质性方法后得到了一些意料之外的结论。这些结论，比如，学习者“努力程度”的决定性作用还需要通过三角互证来进一步检验，但正由于它们的“出乎意料”，我们在进行前期的研究设计时并没有很好地考虑其他（比如量化的）检测、检验手段，因此只能留待将来。而如果汉字习得的成功果真主要取决于学习者的努力程度，那么影响努力程度的因素在本书中也没有得到充分的研究。作为汉语教师和汉字习得问题的长期研究者，我们感觉这些因素主要存在于感情层面。这需要我们在将来用社会文化理论等比较前沿的习得理论去深入探究。限于原有的研究设计，本书暂时无法涉及这些十分重要的内容，但这给予了我们在条件成熟时将研究继续开展下去的动力。

最后，我们虽然将“外国人汉字习得研究”定义为一项基础研究，但它与实际应用只有一步之遥。我们非常希望更多学者专家能投身这个领域，运用认知科学等新兴学科提出的全新手段，一起从源头上探究“汉字难学”的根本原因，并且通过广泛深入的实验，寻找对外汉字教学的理想途径，帮助汉语汉字更好更快地走向世界。

附 录

汉字测试 1A

汉字测试 2A

汉字测试 3A

汉字测试 4A

汉字测试 1B

汉字测试 2B

汉字测试 3B

汉字测试 4B

针对汉字学习者的调查问卷

用于与个案研究进行三角互证的调查问卷

个案研究的访谈录音转写

参考文献

艾　伟. 1949. 汉字问题[M]. 上海:中华书局.

安　然,单韵鸣. 2006. 非汉字圈学生书写汉字及修正过程的个案研究[J]. 暨南大学华文学院学报(3): 8－16.

安　然,单韵鸣. 2007. 非汉字圈学生的笔顺问题——从书写汉字的个案分析谈起[J]. 语言文字应用(3):54－61.

安　然,邹　艳. 2008. 非汉字圈学生汉语词汇的提取与书写过程[J]. 语言教学与研究(4):70－75.

安　雄. 2003. 谈对外"理性识字法"的构造[J]. 世界汉语教学(2):87－93.

安　雄. 2005.《一级阅读字表》的编制及说明[C]//第八届国际汉语教学讨论会论文选. 北京:高等教育出版社.

安子介. 1988. 一个认识汉字的新方案[J]. 世界汉语教学 (3): 132－134.

白学军等. 2010. 词切分对美国留学生汉语阅读影响的眼动研究[J]. 心理研究 5:25－30.

北京语言大学"外国学生错字别字数据库"课题组. 2006. "外国学生错字别字数据库"的建立与基于数据库的汉字教学研究[J]. 语言教学与研究(4):1－7.

布龙菲尔德. 1980. 语言论[M]. 中译本. 北京:商务印书馆.

毕鸿燕,翁旭初. 2007. 小学儿童汉字阅读特点初探[J]. 心理科学(1):62－64.

毕彦超等. 1998. 心理词典中不同表征间的激活扩散[J]. 心理学报(3):262－268.

卞觉非. 1999. 汉字教学: 教什么? 怎么教? [J]. 语言文字应用 (1): 72－77.

陈　绂. 1996. 谈对外汉语教学中的字词教学[J]. 北京师范大学学报(社会科学版)(6): 72－78.

陈传锋,董小玉. 2003. 汉字的结构对称特点及其识别加工机制[J]. 语言教学与研究(4):58－63.

陈　慧. 2001. 外国学生识别形声字错误类型小析[J]. 语言教学与研究(2):16－20.

陈　慧,王魁京. 2001. 外国学生识别形声字的实验研究[J]. 世界汉语教学(2):75－80.

陈满华. 1993. 有关汉语水平考试的几点意见[J]. 语言教学与研究(2):132－142.

陈仁凤,陈阿宝. 1998. 一千高频度汉字的解析及教学构想[J]. 语言文字应用(1): 49－53.

陈　曦. 2001. 关于汉字教学法研究的思考与探索——兼论利用汉字"字族理论"进行汉字教学[J]. 汉语学习(3):70－75.

陈 颖. 2014. 从汉民族思维特点入手谈对外汉语教学中的字词教学[J]. 语言文字应用(2):127—133.

程朝晖. 1997. 汉字的学与教[J]. 世界汉语教学(3):82—86.

崔永华. 1997. 汉字部件和对外汉字教学[J]. 语言文字应用(3):51—56.

崔永华. 1998. 关于汉字教学的一种思路[J]. 北京大学学报(哲学社会科学版)(3):113—117.

崔永华. 1999. 基础汉语教学模式的改革[J]. 世界汉语教学(1):4—9.

崔永华. 2005. 二十年来对外汉语教学研究热点回顾[J]. 语言文字应用(1):63—70.

崔永华. 2008. 从母语儿童识字看对外汉字教学[J]. 语言教学与研究(2):17—23.

戴竹君,武晓平. 2014. 试论汉语国际教学中汉字意识的培养[J]. 语言文字应用(1):128—135.

德里达. 1999. 论文字学[M]. 汪堂家译. 上海:上海译文出版社.

杜同惠. 1993. 留学生汉字书写差错规律试析[J]. 世界汉语教学(1):69—72.

费锦昌. 1998. 对外汉字教学的特点、难点及其对策[J]. 北京大学学报(哲学社会科学版)(3):118—126.

冯丽萍. 1998a. 对外汉语教学用 2905 汉字的语音状况分析[J]. 北京师范大学学报(社会科学版)(6):94—101.

1998b. 汉字认知规律研究综述[J]. 世界汉语教学(3):97—103.

冯丽萍. 2002. 非汉字背景留学生汉字形音识别的影响因素[J]. 汉字文化(3):47—49.

冯丽萍等. 2005. 部件位置信息在留学生汉字加工中的作用[J]. 语言教学与研究(3):66—72.

冯丽萍. 2007. 汉字认知及其脑神经机制研究[C]//汉字的认知与教学——西方学习者汉字认知国际研讨会论文集. 北京:北京语言大学出版社.

高定国,郭可教. 1993. 对汉字认知与大脑两半球关系研究的一些回顾[J]. 心理科学(6):363—368.

高定国,钟毅平,曾铃娟. 1995. 字频影响常用汉字认知速度的实验研究[J]. 心理科学(4):225—229.

高定国,Phung Dinh Man. 1996. 影响常用汉字认知速度的因素:低频冲突字、联绵词尾字和高频多音字的认和特点[J]. 心理科学(4):203—206.

高立群. 2001. 外国留学生规则字偏误分析——基于中介语语料库的研究[J]. 语言教学与研究(5):55—62.

高立群,孟 凌. 2000. 外国留学生汉语阅读中音、形信息对汉字辨认的影响[J]. 世界汉语教学(4):67—76.

管益杰,方富熹. 2000. 我国汉字识别研究的新进展[J]. 心理学动态(2):1—6.

郭可教,杨奇志. 1995. 汉字认知的“复脑效应”的实验研究[J]. 心理学报(1):78—83.

郭力平. 2002. 内隐和外显记忆的遗忘特点[J]. 心理学报(1):29—35.
郭曙纶. 2011. 汉语语料库的建设及应用[M]. 上海:上海外语教育出版社.
2013. 汉语语料库应用教程[M]. 上海:上海交通大学出版社.
郝美玲,刘友谊. 2007. 留学生教材汉字复现率的实验研究[J]. 语言文字应用(2):126—133.
郝美玲,舒 华. 2005. 声旁语音信息在留学生汉字学习中的作用[J]. 语言教学与研究(4):46—51.
郝美玲,张 伟. 2006. 语素意识在留学生汉字学习中的作用[J]. 汉语学习(1):60—65.
何洪峰. 2005. 对外汉语教学中的"笔画组合方式辨字"问题[J]. 汉语学习(3):61—63.
胡文华. 2008. 汉字与对外汉字教学[M]. 上海:学林出版社.
黄伯荣,廖序东. 1983. 现代汉语[M]. 兰州:甘肃人民出版社.
黄沛荣. 2009. 汉字教学的理论与实践[M]. 台湾:乐学书局.
黄卓明. 2000. 从"图式"理论角度谈留学生的汉字学习问题[J]. 汉语学习(3):57—60.
姜丽萍. 1998. 基础阶段留学生识记汉字的过程[J]. 汉语学习(2):46—49.
江 新. 2001. 外国学生形声字表音线索意识的实验研究[J]. 世界汉语教学(2):68—74.
江 新. 2003. 不同母语背景的外国学生汉字知音和知义之间关系的研究[J]. 语言教学与研究(6):51—57.
江 新. 2005. 针对西方学习者的汉字教学:认写分流、多认少写[C]// 对外汉语教学的全方位探索——对外汉语研究学术讨论会论文集. 北京:商务印书馆.
江 新. 2006. 汉字频率和构词数对非汉字圈学生汉字学习的影响[J]. 心理学报(4):489—496.
江 新. 2007a. "认写分流、多认少写"汉字教学方法的实验研究[J]. 世界汉语教学(2):91—97.
2007b. 针对西方学习者的汉字教学:认写分流、多认少写[C]//汉字的认知与教学——西方学习者汉字认知国际研讨会论文集. 北京:北京语言大学出版社.
江 新,赵 果. 2001. 初级阶段外国留学生汉字学习策略的调查研究[J]. 语言教学与研究(4):10—17.
江 新,柳燕梅. 2004. 拼音文字背景的外国学生汉字书写错误研究[J]. 世界汉语教学(1):60—70.
江 新等. 2006. 外国学生汉语字词学习的影响因素——兼论《汉语水平大纲》字词的选择与分级[J]. 语言教学与研究(2):14—22.
姜 安. 2007. 对外汉字初级教材评价研究[D]. 北京语言大学.
金志成,李广平. 1995. 在汉字视觉识别中字形和字音作用的实验研究[J]. 心理科学(3):129—133.
柯传仁,沈禾玲. 2003. 回顾与展望:美国汉语教学理论研究述评[J]. 语言教学与研究

(3)：1—17.

李大遂. 1998. 从汉语的两个特点谈必须切实重视汉字教学[J]. 北京大学学报(哲学社会科学版)(3)：127—131.

李大遂. 2002. 简论偏旁和偏旁教学[J]. 暨南大学华文学院学报(1)：27—33.

李大遂. 2004a. 突出系统性 扩大识字量——关于中高级汉字课的思考与实践[J]. 语言文字应用(3)：112—119.

2004b. 对外汉字教学发展与研究综述[J]. 暨南大学华文学院学报(2)：41—48.

李大遂. 2006. 汉字的系统性与汉字认知[J]. 暨南大学华文学院学报(1)：13—21.

李大遂. 2007. 汉字系统性研究与应用[J]. 语言文字应用(3)：46—53.

李大遂. 2008. 关系对外汉字教学全局的几个问题[J]. 暨南大学华文学院学报(2)：1—11.

李芳杰. 1998. 字词直通 字词同步——关于基础汉语阶段字词问题的思考[J]. 语言教学与研究(1)：25—35.

李娟等. 2000. 学龄儿童汉语正字法意识发展的研究[J]. 心理学报(2)：121—126.

李俊红，李坤珊. 2005. 部首对于汉字认知的意义——杜克大学中文起点班学生部首认知策略测查报告[J]. 世界汉语教学(4)：18—30.

李　蕊. 2005a. 对外汉语教学中的形声字表义状况分析[J]. 语言文字应用(2)：104—110.

2005b. 留学生形声字形旁意识发展的实验研究[J]. 语言教学与研究(4)：52—58.

李　蕊，叶彬彬. 2013. 语文分进的教学模式对汉字能力的影响——针对非汉字文化圈学习者的实验研究[J]. 语言文字应用(4)：98—106.

李清华. 1999.《汉语水平词汇与汉字等级大纲》的词汇量问题[J]. 语言教学与研究(1)：50—59.

李香平. 2006a. 对外汉字教学中的"新说文解字"评述[J]. 语言教学与研究(2)：31—34.

2006b. 汉字教学中的文字学 [M]. 北京：语文出版社.

李香平. 2008. 对外汉字教学中的字理阐释[J]. 暨南大学华文学院学报(1)：30—36.

李香平. 2011. 当前留学生汉字教材编写中的问题与对策[J]. 汉语学习(1)：87—95.

李行健. 1997.《汉字教学的规律和方法》序[J]. 汉语学习(2)：52—53.

梁彦民. 2004. 汉字部件区别特征与对外汉字教学[J]. 语言教学与研究(4)：76—80.

林季苗. 2007. 汉字分类及认知之研究与对外教学应用[C]//汉字的认知与教学——西方学习者汉字认知国际研讨会论文集. 北京：北京语言大学出版社.

刘建梅. 2004. 对外汉语教学中的汉字教学研究[D]. 北京师范大学.

刘凤芹. 2013. 中高级阶段韩国学生的汉字偏误研究[J]. 华文教学与研究(3)：28—33.

刘丽萍. 2008. 笔画数与结构方式对留学生汉字学习的影响[J]. 语言教学与研究(1):89—96.

刘社会. 1990. 谈谈汉字教学的问题[J]. 语言教学与研究(2):75—80.

刘又辛. 1993. 谈谈汉字教学[J]. 语言教学与研究 (3): 81—97.

柳燕梅. 2009a. 汉字教学中部件策略训练效果的研究[J]. 语言教学与研究(2):61—66.

2009b. 汉字策略训练的必要性、可教性和有效性的实验研究[J]. 世界汉语教学(2):280—288.

柳燕梅,江 新. 2003. 欧美学生汉字学习方法的实验研究——回忆默写法与重复抄写法的比较[J]. 世界汉语教学(1):59—67.

卢绍昌. 1987. 对外汉语教学中汉字教学的新尝试[J]. 世界汉语教学(3):53—56.

卢小宁. 1998. 对外汉字教学研究的角度[J]. 汉语学习(3):49—51.

罗卫东. 2007. 北京语言大学汉字教学、学习情况调查与对策[C]//汉字的认知与教学——西方学习者汉字认知国际研讨会论文集. 北京:北京语言大学出版社.

鹿士义. 2002. 母语为拼音文字的学习者汉字正字法意识发展的研究[J]. 语言教学与研究(3):53—57.

吕必松. 1993. 对外汉语教学研究[M]. 北京:北京语言学院出版社.

1995. 关于语言教学的若干问题[J]. 语言教学与研究(4):8—19.

吕叔湘. 1987. 汉语文的特点和当前的语文问题[C]//语文近著. 上海:上海教育出版社.

马明艳. 2007. 初级阶段非汉字圈留学生汉字学习策略的个案研究[J]. 世界汉语教学(1):40—49.

马燕华. 2002. 论初级汉语水平欧美留学生汉字复现规律[J]. 汉语学习(1):52—56.

马燕华. 2003. 论海外华裔儿童汉字教学的特殊性[J]. 北京师范大学学报(社会科学版)(6):110—114.

马燕华. 2007. 论海外周末制中文学校汉字教学的性质、特征及教学原则[J]. 暨南大学华文学院学报(2):1—7.

潘景景. 2007. 韩国和欧美学习者汉字识别中的加工策略研究[M]. 北京语言大学.

潘文国. 2002. 字本位与汉语研究[M]. 上海:华东师范大学出版社.

潘文国. 2010. 汉英语言对比概论[M]. 北京:商务印书馆.

潘先军. 1999. 对外汉字教学与小学识字教学[J]. 汉字文化(2):49—54.

潘先军. 2003. 近 4 年对外汉字教学研究述评[J]. 汉字文化(3):58—62.

潘先军. 2005. 论对外汉字教学的层次性[J]. 汉字文化(2):55—57.

彭聃龄、张必隐. 2004. 认知心理学[M]. 杭州:浙江教育出版社.

彭聃龄. 2006. 汉语认知研究:从认知科学到认知神经科学[M]. 北京:北京师范大学出版社.

钱乃荣. 1990. 现代汉语[M]. 北京:高等教育出版社.
钱学烈. 1998. 对外汉字教学实验报告[J]. 北京大学学报(哲学社会科学版)(3):132—137.
裘锡圭. 1988. 文字学概要[M]. 北京:商务印书馆.
让-雅克·卢梭. 2003. 论语言的起源:兼论旋律与音乐的摹仿[M]. 洪涛译. 上海:上海人民出版社.
盛 炎. 1990. 语言教学原理[M]. 重庆:重庆出版社.
施正宇. 1998. 现代汉字的几何性质及其在汉字教学中的意义[J]. 语言文字应用(4):62—68.
施正宇. 1999. 论汉字能力[J]. 世界汉语教学(2):87—93.
施正宇. 2000. 外国留学生字形书写偏误分析[J]. 汉语学习(2):38—41.
施正宇. 2008. 词·语素·汉字教学初探[J]. 世界汉语教学(2):109—118.
石定果. 1997. 汉字研究与对外汉语教学[J]. 语言教学与研究(1):30—42.
石定果,万业馨. 1998. 关于对外汉字教学的调查报告[J]. 语言教学与研究(1):36—48.
申小龙. 1993. 汉字的文化形态及其演变[J].语文建设通讯(42):88.
史有为. 1987. 汉字的性质、特点与汉字教学[J]. 世界汉语教学(3):39—42.
舒 华,宋 华. 1993. 小学儿童的汉字形旁意识的再研究[J]. 心理科学(5):316—318.
施光亨. 1987. 对外汉字教学要从形体入手[J]. 世界汉语教学 (2): 34—39.
苏培成. 2001. 二十世纪的现代汉字研究[M]. 太原:书海出版社.
苏培成. 2014. 现代汉字学纲要[M]. 第3版.北京:商务印书馆.
孙德金. 2006. 对外汉字教学研究[M]. 北京:商务印书馆.
索绪尔. 1980. 普通语言学教程[M]. 中译本.北京:商务印书馆.
谭力海,彭聃龄. 1991. 汉字的视觉识别过程:对形码和音码作用的考察[J]. 心理学报(3):272—278.
田惠刚. 1998. 关于对西方国家学生汉字教学的理论性思考[J]. 北京大学学报(哲学社会科学版)(6):129—134.
万业馨. 1999. 汉字字符分工与部件教学[J]. 语言教学与研究(4):32—41.
万业馨. 2000. 略论形声字声旁与对外汉字教学[J]. 世界汉语教学(1):62—69.
万业馨. 2001. 文字学视野中的部件教学[J]. 语言教学与研究(1):13—19.
万业馨. 2003. 从汉字识别谈汉字与汉字认知的综合研究[J]. 语言教学与研究(2):72—79.
万业馨. 2004. 从汉字研究到汉字教学[J]. 世界汉语教学(2): 40—48.
万业馨. 2007. 试论汉字认知的内容与途径[C]// 汉字的认知与教学——西方学习者汉字认知国际研讨会论文集. 北京:北京语言大学出版社.
万业馨. 2009. 略论汉字教学的总体设计[J]. 语言教学与研究(5):59—65.
汪 琦. 2005. 中级欧美留学生识字效果的实验研究[J]. 语言文字应用(S1):39—41.

王碧霞等. 1994. 从留学生识记汉字的心理过程探讨基础阶段汉字教学[J]. 语言教学与研究(3):21—33.

王汉卫. 2007. 精读课框架内相对独立的汉字教学模式初探[J]. 语言文字应用(1):119—124.

王汉卫,苏印霞. 2012. 论对外汉语教学的笔画[J]. 世界汉语教学(2):266—275.

王建勤,高立群. 2005. 欧美学生汉字形音意识发展的实验研究[C]//对外汉语教学的全方位探索——对外汉语研究学术讨论会论文集. 北京:商务印书馆.

王建勤. 2005a. 外国学生汉字构形意识发展的模拟研究——基于自组织特征映射网络的汉字习得模型[D]. 北京语言大学.

2005b. 外国学生汉字构形意识发展模拟研究[J]. 世界汉语教学(4):5—17.

王　静. 2001. 记忆原理对汉字听写训练的启示[J]. 语言教学与研究(1):20—24.

王若江. 2000. 由法国"字本位"汉语教材引发的思考[J]. 世界汉语教学(3):89—98.

王永德. 2003. 日本和韩国留学生对汉语句子主观感知距离研究[J]. 现代外语(2):188—192.

王又民. 2002. 中外学生词汇和汉字学习对比分析[J]. 世界汉语教学(4):43—47.

王志刚等. 2004. 外国留学生汉语学习目的研究[J]. 世界汉语教学(3):67—78.

文秋芳. 2008. 评析二语习得认知派与社会派 20 年的论战[J]. 中国外语(3):13—20.

文　武. 1987. 关于汉字评价的几个基本问题[J]. 语文建设(2):7—12.

吴　贺. 2008. 俄罗斯首例汉字科学化教学方案——19 世纪王西里的汉字识记体系分析[J]. 世界汉语教学(1):133—140.

吴门吉等. 2006. 欧美韩日学生汉字认读与书写习得研究[J]. 语言教学与研究(6):64—71.

吴世雄. 1998. 认知心理学的记忆原理对汉字教学的启迪[J]. 语言教学与研究(4):86—95.

吴英成. 1999. 手写汉字识别与识字教学[J]. 世界汉语教学(2):21—26.

希夏姆. 2005. 从系统性教学法的角度探讨汉字教学的新倾向[C]//第八届国际汉语教学讨论会论文选. 北京:高等教育出版社.

夏迪娅·伊布拉音. 2007. 维吾尔族学生汉字习得偏误分析[J]. 汉语学习(4):79—83.

肖奚强. 1994. 汉字教学及其教材编写问题[J]. 世界汉语教学(4):63—66.

肖奚强. 2002. 外国学生汉字偏误分析[J]. 世界汉语教学(2):79—85.

谢玲玲. 2008. 现行基础汉字教材与古代蒙学教材的比较分析[D]. 华中师范大学.

邢红兵. 2005.《(汉语水平)汉字等级大纲》汉字部件统计分析[J]. 世界汉语教学(2):49—55.

邢红兵,舒　华. 2004.《汉语水平词汇与汉字等级大纲》中形声字声旁表音特点分析[C]//2002 年国际汉语教学学术研讨会论文集. 北京:北京大学出版社.

徐彩华. 2000. 汉字教学中的几个认知心理问题[J]. 北京师范大学学报(人文社科版)(6):127—130.

徐彩华,刘　芳,冯丽萍. 2007. 留学生汉字形误识别能力发展的实验研究[J]. 语言教学与研究(4):63—70.

徐子亮. 2000. 汉语作为外语教学的认知理论研究[M]. 北京:华语教学出版社.

徐子亮. 2003. 汉字背景与汉语认知[J]. 汉语学习(6):63—67.

雅·沃哈拉. 1986. 汉语教学中的汉字问题[J]. 语言教学与研究(3):104—108.

严　彦. 2013. 不同教法对汉字形音义习得影响的教学实验研究[J]. 语言教学与研究(3):16—23.

闫国利,伏　干,白学军. 2008. 不同难度阅读材料对阅读知觉广度影响的眼动研究[J]. 北京:北京大学出版社.

杨夷平,易洪川. 1998. 浅析识字教学的对内、对外差别[J]. 世界汉语教学(2):70—73.

易洪川. 1999a. 笔顺规范化问题研究[J]. 语言教学与研究(3):49—56.

1999b. 字音特点及其教学策略[J]. 语言文字应用(4):29—32.

易洪川等. 1998. 从基本字表的研制看汉字学与汉字教学[J]. 语言文字应用(4):57—61.

余又兰. 1999. 谈第二语言的汉字教学[J]. 世界汉语教学(1):89—99.

于　鹏. 2011. 韩国留学生阅读汉语文本的眼动研究[M]. 北京:北京大学出版社.

喻柏林. 1998. 汉字字形知觉的整合性对部件认知的影响[J]. 心理科学 (4):3—5.

喻柏林,曹河圻. 1992. 笔画数配置对汉字认知的影响[J]. 心理科学(4):7—12.

喻柏林等. 1990. 汉字的视知觉——知觉任务效应和汉字属性效应[J]. 心理学报(2):141—148.

尤浩杰. 2003. 笔画数、部件数和拓扑结构类型对非汉字文化圈学习者汉字掌握的影响[J]. 世界汉语教学(2):72—81.

袁晓园,徐德江. 1989. “方块”是宝贝——九论汉语汉字的科学性[J]. 汉字文化 (3):21.

张大成,伍新春. 1999. 语言文字应用的一个重要领域——汉字识字教学的心理实质及其规律[J]. 语言文字应用(4):52—55.

张德鑫. 1999. 关于汉字文化研究与汉字教学的几点思考[J]. 世界汉语教学(1):84—88.

张凤麟. 1997. 谈集中识字教学[J]. 汉语学习(6):42—44.

张景业. 2001. 构建全方位的对外汉字教学格局[J]. 外语与外语教学(6):55—57.

张静贤. 1986. 谈谈对外汉语教学中的汉字课[J]. 语言教学与研究(1):119—126.

张静贤. 1998. 关于编写对外汉字教材的思考[J]. 语言教学与研究(2):140—148.

张　普. 1984. 汉字部件分析的方法和理论[J]. 语文研究(1):37—43.

张卫国. 2006. 阅读:覆盖率、识读率和字词比[J]. 语言文字应用(3):102—109.

张武田,杨德庄. 1987. 汉字词笔划数对短时记忆容量的影响[J]. 心理学报(1):79—85.

张武田,冯　玲. 1992. 关于汉字识别加工单位的研究[J]. 心理学报(4):379—385.

张熙昌. 2007. 论形声字声旁在汉字教学中的作用[J]. 语言教学与研究(2):21—28.

赵　果,江　新. 2002. 什么样的汉字学习策略最有效?——对基础阶段留学生的一次调查研究[J]. 语言文字应用(2):79—85.

赵金铭. 2000. 汉字教学与学习的新思路——评《多媒体汉字字典》[J]. 语言教学与研究(4):55—60.

赵金铭. 2004. 对外汉语教学概论[M]. 北京:商务印书馆。

赵金铭. 2008. 汉语作为第二语言教学:理念与模式[J]. 世界汉语教学(1):93—107.

赵金铭. 2011. 初级汉语教学的有效途径——"先语后文"辩证[J]. 世界汉语教学(3):376—387.

赵明德. 1999. 对外汉字教学改革探索[J]. 语言教学与研究(3):136—144.

赵元任. 1980. 语言问题[M]. 北京:商务印书馆.

郑继娥. 1998. 汉字的理据性与汉字教学[J]. 华东师范大学学报(哲学社会科学版)(6):89—92.

周　健. 2007. 汉字教学理论与方法[M]. 北京:北京大学出版社.

周　健. 2010. 分析字词关系 改进字词教学[J]. 语言文字应用(1):97—105.

周　健,尉万传. 2004. 研究学习策略 改进汉字教学[J]. 暨南大学华文学院学报(1):1—9.

周静嫣. 2006. 对外汉字混合式教学的研究与设计[D]. 华东师范大学.

周有光. 1957. 文字演进的一般规律[J]. 中国语文(7):1—6.

周有光. 1997. 世界文字发展史[M]. 上海:上海教育出版社.

周有光. 1998. 比较文字学初探[M]. 北京:语文出版社.

朱晓平. 1991. 汉语句子语境对单词识别的效应[J]. 心理学报(2):145—152.

朱一之. 1993. 汉语水平考试汉字大纲所收 2905 个汉字分析结果[J]. 语言教学与研究(3):98—111.

朱志平,哈丽娜. 1999. 波兰学生暨欧美学生汉字习得的考察、分析和思考[J]. 北京师范大学学报(社会科学版)(6):88—94.

朱志平. 2002. 汉字构形学说与对外汉字教学[J]. 语言教学与研究(4):35—41.

朱志平. 2007. 汉字教学与词汇教学的链接[C]//汉字的认知与教学——西方学习者汉字认知国际研讨会论文集. 北京:北京语言大学出版社.

Allport D A, Antonis B, Reynolds P. 1972. On the division of attention: A disproof of the single channel hypothesis [J]. *Quarterly Journal of Experimental Psychology*, 24: 225—235.

Atkinson R C, Shiffrin R M. 1968. Human memory: A proposed system and its control processes[C]//In K. W. Spence & J. T. Spence (Eds.), *The psychology of learning and motivation: Advances in research and theory*: Vol. 2. New York: Academic Press.

Broadbent D E. 1958. *Perception and communication*[M]. New York: Pergamon.

Bruner J S, Goodman C C. 1947. Value and need as organizing factors in perception[J]. *Journal of Abnormal and Social Psychology*, 42: 33—44.

Burstall C. 1975. Factors affecting foreign language learning: A consideration of some research findings[J]. *Language Teaching*,8(1): 5—25.

Chapelle C, Green P. 1992. Field independence/dependence in second language acquisition research[J]. *Language Learning*, 42: 47—83.

Collins A M, Loftus E F. 1975. A spreading activation theory of semantic processing[J]. *Psychological Review*, 82: 407—428.

Collins A M, Quillian M R. 1969. Retrieval time from semantic memory[J]. *Journal of Verbal Learning and Verbal Behavior*, 8: 240—248.

Conrad R. 1964. Acoustic confusions in immediate memory[J]. *British Journal of Psychology*, 55: 75—84.

Coughlan P, Duff P A. 1994. Same task, different activities: Analysis of a second language acquisition task from an activity theory perspective[C]// In J. P. Lantolf & G. Appel (Eds.), *Vygotskian approaches to second language research*. Norwood, NJ: Ablex.

Craik F I M, Watkins M J. 1973. The role of rehearsal in short-term memory[J]. *Journal of Verbal Learning and Verbal Behavior*, 12: 599—607.

Craik F I M, Lockhart R S. 1972. Levels of processing: A framework for memory research[J]. *Journal of Verbal Learning and Verbal Behavior*, 11: 671—684.

Deese J, Kaufman R A. 1957. Serial effects in recall of unorganized and sequentially organized verbal material[J]. *Journal of Experimental Psychology*, 54 (3):180—187.

Dember W N, Warm J S. 1979. *Psychology of perception*[M]. New York: Holt, Rinehart & Winston.

Deutsch J A, Deutsch D. 1963. Attention: Some theoretical considerations[J]. *Psychological Review*, 70: 80—90.

Dew J E. 2007. Language is primary, script is secondary: The importance of gaining a strong foundation in the language before devoting major efforts to character recognition[C]//汉字的认知与教学——西方学习者汉字认知国际研讨会论文集.

北京:北京语言大学出版社.

Dörnyei Z. 2001. *Teaching and researching motivation*[M]. Harlow: Longman.

Dörnyei Z, Taguchi T. 2009. *Questionnaires in second language research: Construction, administration and processing* (*Second Edition*). [M]. NY: Routledge.

Doughty C, Long M (Eds.). 2003. *The handbook of second language acquisition*[M]. Malden, Mass: Blackwell.

Duff P A. 2008. *Case study research in applied linguistics*[M]. Routledge, New York: Taylor & Francis Group, LLC.

Ellis R. 1994. *The study of second language acquisition* [M]. Oxford: Oxford University Press.

Ellis, R. 2008. *The study of second language acquisition* (*Second Edition*) [M]. Oxford: Oxford University Press.

Ellis N C. 2002. Frequency effects in language processing: A review with implications for theories of implicit and explicit language acquisition [J]. *Studies in Second Language Acquisition*, 24: 143—188.

Everson M E. 2007. Developing orthographic awareness among CFL learners: What the research tells us[C]//汉字的认知与教学——西方学习者汉字认知国际研讨会论文集. 北京:北京语言大学出版社.

Gardner R, Lambert W. 1972. *Attitudes and motivation in second language learning* [M]. Rowley, Mass: Newbury House.

Goswami U, Gomert J E, de Barrera L F. 1998. Children's orthographic representations and linguistic transparency: Nonsense word reading in English, French, and Spanish [J]. *Applied Psycholinguistics*, 19: 19—52.

Guder A. 2007. Struggling with Chinese: New dimensions in foreign language teaching [C]//汉字的认知与教学——西方学习者汉字认知国际研讨会论文集. 北京:北京语言大学出版社.

Halliday M A K. 2014. Notes on teaching Chinese to foreign learners[J]. *Journal of World Languages*, 1: 1—6.

Hubel D H, Wiesel T N. 1962. Receptive fields, binocular interaction and functional architecture in the cat's visual cortex [J]. *The Journal of Physiology*, 160 (1): 106—154.

Jing-Schmidt Z. 2007. *Cognitive foundations of the Chinese writing system and their pedagogical implications*. [C]//汉字的认知与教学——西方学习者汉字认知国际研讨会论文集. 北京:北京语言大学出版社.

Kintsch W. 1970. Models for free recall and recognition[C]// In D. A. Norman (Ed.),

Models for human memory. New York：Academic Press.

Kintsch W，Glass G. 1974. Effects of propositional structure upon sentence recall[C]// In W. Kintsch（Ed.），*The representation of meaning in memory*. Hillsdale，NJ：Erlbaum.

Kupfer P. 2007. Eloquent but blind：The problem of reading proficiency in Chinese as a foreign language[C]. //汉字的认知与教学——西方学习者汉字认知国际研讨会论文集. 北京：北京语言大学出版社.

Krashen S. D. 1981. *Second language acquisition and second language learning*[M]. Oxford：Pergamon Press.

Landerl K，Wimmer H，Firth U. 1997. The impact of orthographic consistency on dyslexia：A German—English comparison[J]. *Cognition*，63：315—334.

Lantolf J P，Thorne S L. 2006. *Socialcultural theory and the genesis of second language development*[M]. Oxford：Oxford University Press.

Lantolf J P，Thorne S L. 2007. Socialcultural theory and second language learning[C]// In B. VanPattern & J. Williams（Eds.），*Theories in second language acquisition*，201—224. Mahwah，New Jersey：Lawrence Erlbaum Associates.

Ling V. 2007. Survey of studies relevant to the acquisition of the Chinese script published in the journal of the Chinese language teachers association[C]//汉字的认知与教学——西方学习者汉字认知国际研讨会论文集. 北京：北京语言大学出版社.

Mandler J M，Ritchey G H. 1977. Long-term memory for pictures[J]. *Journal of Experimental Psychology*：*Human Learning and Memory*，3：386—396.

Martindale C. 1991. *Cognitive psychology*：*A neural-network approach*[M]. Pacific Grove，CA：Brooks/Cole.

Mccafferty S C，Roebuck R F，Waylan R P. 2001. Activity theory and the incidental learning of second-language vocabulary[J]. *Language Awareness*，10：289—94.

McClelland J L，Rumelhart D E. 1981. An interactive activation model of context effects in letter perception I：An account of basic findings[J]. *Psychological Review*，88(5)：375—407.

McGinnies E. 1949. Emotionality and perceptual defense[J]. *Psychological Review*，56(5)：244—251.

Miller G A. 1956. The magical number seven，plus or minus two：Some limits on our capacity to process information[J]. *Psychological Review*，63：81—97.

Neisser U. 1964. Visual search[J]. *Scientific American*，201：94—102.

Overgaard S. 2007. An analysis of various scholarly approaches to the acquisition of Chinese characters by students of Chinese as a foreign language[C]//汉字的认知与

教学——西方学习者汉字认知国际研讨会论文集. 北京:北京语言大学出版社.

Öney B, Durgunoglu A Y. 1997. Beginning to read in Turkish: A phonologically transparent orthography[J]. *Applied Psycholinguistics*,18:1—15.

Posner M I, Snyder C R R. 1975. Attention and cognitive control[C]// In R. Solso (Ed.), *Information processing and cognition: The Loyola symposium*. Hillsdale, NJ: Erlbaum.

Postman L, Stark K, Fraser J. 1968. Temporal changes in interference[J]. *Journal of Verbal Learning and Verbal Behavior*, 7: 672—694.

Reitman J S. 1971. Mechanisms of forgetting in short-term memory[J]. *Cognitive Psychology*, 2: 185—195.

Schneider W, Shiffrin R M. 1977. Controlled and automatic human information processing: I. Detection, search and attention[J]. *Psychological Review*, 84: 1—6.

Selinker L. 1972. Interlanguage[J]. *International Review of Applied Linguistics*, 10: 209—241.

Selfridge O G. 1959. Pandemonium: A paradigm for learning [C]//*The mechanism of thought processes* (Proceedings of a symposium, National Physical Laboratory, Teddington, England).

Shen H H, Ke C. 2007. Radical awareness and word acquisition among nonnative learners of Chinese[J]. *Modern Language Journal*,91:97—111.

Shiffrin R N. 1973. Information persistence in short-term memory[J]. *Journal of Experimental Psychology*, 100: 39—49.

Spelke E S, Hirst W C, Neisser U. 1976. Skills of divided attention[J]. *Cognition*, 4: 215—230.

Stern H H. 1983. *Fundamental concepts of language teaching*[M]. Oxford: Oxford University Press.

Thorne S L. 2000. Second language acquisition and the truth(s) about relativity[C]// In J. Lantolf (Ed.), *Sociocultural theory and second language acquisition*. Oxford: Oxford University Press.

Treisman A M. 1960. Contextual cues in selective listening[J]. *Quarterly Journal of Experimental Psychology*, 12: 242—248.

Treisman A M, Sykes M, Gelade G. 1977. Selective attention and stimulus integration [C]// In S. Donic (Ed.), *Attention and performance*. 336—361.

Tulving E, Thomson D M. 1973. Encoding specificity and retrieval processes in episodic memory[J]. *Psychological Review*, 80: 352—373.

Tulving E, Pearlstone Z. 1966. Availability versus accessibility of information in memory for words[J]. *Journal of Verbal Learning and Verbal Behavior*, 5: 381—391.

Willing K. 1987. *Learning style and adult migrant education*[M]. Adelaide: National Curriculum Resource Centre.

Wispe L G, Drambarean N C. 1953. Physiological need, word frequency, and visual duration thresholds[J]. *Journal of Experimental Psychology*, 46: 25—31.

Witkin H A, Lewis H B, et al. 1954. *Personality through perception*[M]. New York: Harper & Row.